COLEÇÃO DEUS CONOSCO

CRISMA

Eu lhes darei o meu espírito

CRISMANDO

Lydia das Dores Defilippo

EDITORA VOZES

Petrópolis

© 1991, 2006, Editora Vozes Ltda.
Rua Frei Luís, 100
25689-900 Petrópolis, RJ
www.vozes.com.br
Brasil

28ª edição, 2014.

10ª reimpressão, 2023.

Todos os direitos reservados. Nenhuma parte desta obra poderá ser reproduzida ou transmitida por qualquer forma e/ou quaisquer meios (eletrônico ou mecânico, incluindo a fotocópia e gravação) ou arquivada em qualquer sistema ou banco de dados sem permissão escrita da editora.

EQUIPE DE APOIO E ASSESSORIA
Catequistas veteranas e grandes amigas:
Dazir da Rocha Campos
Elyanne Guimarães Brasil
Liza Helena Ramos
Marlene Frinhani

Agradecimentos especiais no processo de revisão da coleção:
Coordenação de Catequese do Regional Leste II

Coordenação editorial
Marilac L.R. Oleniki

Revisão textual e atualização
Maria Cecília M.N. Giovanella

Ilustrações
Ana Maria Oleniki

Capa
Ana Maria Oleniki
AG.SR Desenvolvimento Gráfico

Projeto Gráfico e Editoração Eletrônica
Ícone Editoração Ltda.

Revisão literária
Flávio Fernando de Souza

CONSELHO EDITORIAL

Diretor
Volney J. Berkenbrock

Editores
Aline dos Santos Carneiro
Edrian Josué Pasini
Marilac Loraine Oleniki
Welder Lancieri Marchini

Conselheiros
Elói Dionísio Piva
Francisco Morás
Gilberto Gonçalves Garcia
Ludovico Garmus
Teobaldo Heidemann

Secretário executivo
Leonardo A.R.T. dos Santos

ISBN 978-85-326-3271-5

Este livro foi impresso pela Editora Vozes Ltda.

SUMÁRIO

APRESENTAÇÃO 5

1. QUEM SOU EU? QUEM SOMOS NÓS? 7
2. *"EU LHES DAREI O MEU ESPÍRITO"* (JO 15,26) 11
3. CHAMADOS A CRESCER NA FÉ 15
4. CRISMA: SACRAMENTO DA MATURIDADE CRISTÃ 19
5. *"SEREIS MINHAS TESTEMUNHAS"* (AT 1,8) 23
6. "FORTALECIDOS PELO ESPÍRITO SANTO" 26
7. FIÉIS À MISSÃO DE JESUS 29
8. A IGREJA NO MUNDO: DEUS PRESENTE NA HISTÓRIA 32
9. UMA IGREJA A SERVIÇO 38
10. UM PROJETO ANTIGO E ATUAL: OS MANDAMENTOS 42
11. SER ADOLESCENTE E JOVEM HOJE 46
12. VOCAÇÃO: SOU CHAMADO(A)! 50
13. SOMOS IGREJA VIVA: FERMENTO DO REINO DE DEUS NO MUNDO 55
14. JESUS CRISTO: ONTEM, HOJE E SEMPRE – OS SACRAMENTOS 58
15. CRISMA: *"EU, POR VONTADE DE DEUS, APÓSTOLO DE CRISTO!"* (CL 1,1) 62

ANEXOS

A: FICHA E CELEBRAÇÃO DO ESTÁGIO CRISMAL 69
B: *"QUEM DIZEM VOCÊS QUE EU SOU?"* (LC 9,20) 73
C: JESUS DÁ PLENO CUMPRIMENTO AO PROJETO DE JAVÉ 76
D: A CRISMA NA IGREJA NASCENTE 79
E: TRÍDUO DE PREPARAÇÃO PARA A CRISMA 82
F: PÓS-CRISMA: ORAÇÃO – PERSEVERANÇA – ENGAJAMENTO 87

ORAÇÕES 92

APRESENTAÇÃO

Crismando(a),

Quero, com este livro, convidá-lo(a) a renovar a sua fé na ação do Espírito Santo em você, na Igreja e no mundo.

Meu desejo é que você descubra e purifique, a cada encontro, as suas motivações para a Crisma e se encante em amar a Deus e ao próximo, com o fruto da Caridade que o Espírito Santo colocou em seu coração. A missão que lhe cabe pela Unção da Crisma é a de testemunhar a fé de verdade, com novo ardor apostólico.

Que a paz de Nosso Senhor Jesus Cristo esteja e permaneça com você!

Com carinho,
Lydia

01 | QUEM SOU EU?
QUEM SOMOS NÓS?

Participar da preparação para receber o Sacramento da Crisma é um acontecimento na vida de quem deseja participar da caminhada da Igreja. Este acontecimento significa um impulso novo à vida de fé da nossa Igreja local.

Cada crismando é um cristão fiel e motivado a refletir sobre a sua vida cristã, a renovar sua prática religiosa, a testemunhar Jesus Cristo com um novo ardor.

1. Para fazer esta caminhada, vamos iniciar conversando sobre os objetivos que trouxeram cada um para participar da preparação da Crisma. Depois de conversar, definam os objetivos que desejam atingir como grupo que caminha unido, escrevendo-os no espaço.

Eu lhes darei o meu espírito

É bom conversar e preparar a caminhada. Por isso, juntos, vamos celebrar a presença de cada um na formação deste grupo de crismandos.

CELEBRANDO NOSSO ENCONTRO

Acolhida:

- Vamos cantar:

    'Juntos como irmãos, membros da Igreja, vamos caminhando, vamos caminhando, juntos como irmãos, ao encontro do Senhor!'

    (KOLLING, Ir. Míria T. et al. *Cantos e orações*: para a liturgia da missa, celebrações e encontros. Petrópolis: Vozes, 2004)

- Olhemos uns para os outros. Saudemos os nossos colegas, acolhendo-os dizendo seu nome e de onde vem, o que faz.

Catequista: Caríssimos crismandos, por que vocês desejam participar da preparação para a Crisma?

Crismandos: Fomos batizados quando éramos crianças. Recebemos de nossos pais a vida, a educação, a cultura e a fé, para que pudéssemos participar da comunidade cristã desde pequenos. Agora, já não somos crianças e queremos participar da vida da Igreja com todo compromisso e responsabilidade. Para isso, pedimos a Crisma – o Sacramento que vai nos investir dos dons e da força do Espírito Santo.

Catequista: Em nome da comunidade eclesial, nós acolhemos vocês, crismandos, e prometemos dar-lhes apoio, bom exemplo e acompanhamento litúrgico-pastoral. Que a vivência da fé em nossa comunidade se renove com o entusiasmo que vem de vocês. Unidos pelo amor a Deus, façamos o Sinal da Cruz, um na testa do outro, dizendo juntos: em nome do Pai e do Filho e do Espírito Santo. Amém.

Leitor 1: Vamos acolher a Palavra de Deus, fundamento e luz para a nossa vida de cristãos no mundo de hoje, cantando:

'Vai falar no Evangelho, Jesus Cristo, aleluia! Sua Palavra é alimento, que dá vida, aleluia!'

(KOLLING, Ir. Míria T. et al. *Cantos e orações*: para a liturgia da missa, celebrações e encontros. Petrópolis: Vozes, 2004)

Ler: Lc 6,12-16.

Cantar:

'1. Quando chamaste os doze primeiros pra te seguir, sei que chamavas todos os que haviam de vir.

   Tua voz me fez refletir. Deixei tudo pra te seguir: nos teus mares eu quero navegar!

2. Quando enviaste os doze primeiros: "Ide e ensinai!" Sei que pedias a todos nós: "Evangelizai!"

3. Quando enviaste os doze primeiros de dois em dois, sei que enviavas todos os que viessem depois!'

(KOLLING, Ir. Míria T. et al. *Cantos e orações*: para a liturgia da missa, celebrações e encontros. Petrópolis: Vozes, 2004)

Catequista: Assim como Jesus chamou os apóstolos, chama você, crismando, a participar da vida da Igreja, conhecer e vivenciar a liturgia e os trabalhos sociais e pastorais de nossa comunidade.

Impulsionados pelo Espírito

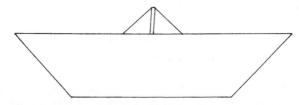

Catequista: Cada um de vocês confeccionou um barco. Agora, vamos imaginar que com ele faremos uma viagem, o período de nossa preparação para a Crisma. Nessa viagem, seremos guiados por Deus, o capitão; por Jesus, o timoneiro; e pelo Espírito Santo, a força que impulsionará o barco. Durante este período, vamos encontrar dificuldades que precisam ser resolvidas.

Vamos refletir:

1. Qual seria a primeira dificuldade que imaginamos encontrar?

    (Rasgar a ponta direita do barco).

2. Qual seria a segunda dificuldade?

    (Rasgar a ponta esquerda do barco).

3. Qual seria a terceira dificuldade?

    (Rasgar a ponta superior do barco).

Catequista: Vamos olhar o barco sem estas três partes e refletir sobre as suas condições para prosseguir viagem. Pode afundar?

Refletir: Deus Pai, Deus Filho e Deus Espírito Santo não nos abandonam. Estão sempre presentes em nossas vidas, fortalecendo-nos e animando na caminhada.

Vamos abrir a folha e observar:

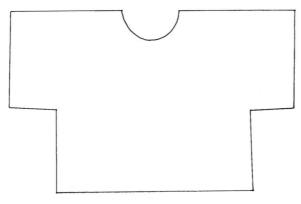

Comentar e Conversar

- É por causa da fé em Jesus Cristo e na sua Igreja que procuramos a nossa comunidade.
- Como sinal de que desejamos viver plenamente esta fé e participar da construção do Reino, formando o time de Cristo, vamos escrever nosso nome na camiseta e colar na tarja de papel.
- Acolhidos na Igreja, como catequizandos em preparação à Crisma, assumimos o compromisso de sermos membros ativos desta Igreja de Jesus Cristo, participando mais da vida da comunidade e dos encontros.
  - Por tudo isto, vamos professar a nossa fé, juntos, rezando a oração do CREDO.

- Conversar com os familiares sobre como percebem o desenvolvimento da sua vida de fé.

"EU LHES DAREI O MEU ESPÍRITO"
(Jo 15,26)

*N*ossa vida cristã teve início com o Batismo, quando nossos pais e padrinhos assumiram nossa fé. O Sacramento da Crisma é a CONFIRMAÇÃO do compromisso de Batismo, de assumir a fé em Jesus Cristo e de ser membro de sua Igreja.

Você saberia dizer como foi marcada sua caminhada na Igreja de Jesus Cristo? Que tal escrever um pouco sobre a sua história e vida cristã? Aproveite o espaço!

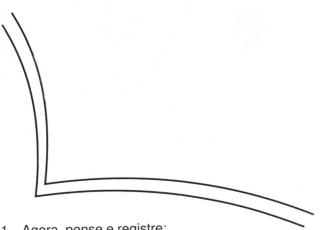

1. Agora, pense e registre:

   a. O que você espera deste ano de preparação para receber o Sacramento da Crisma?

   _____
   _____
   _____

   b. Qual é o seu propósito?

   _____
   _____
   _____

Jesus prometeu o Espírito Santo aos apóstolos e a todos os que acreditassem nele, para que pudessem continuar a experiência vivida por ele.

2. Leia At 1,8 e escreva qual foi a promessa que Jesus fez aos seus apóstolos e que hoje é dirigida a você:

_____
_____
_____

Como você pode ser testemunha dessa promessa nos dias atuais?

_____
_____
_____
_____
_____

A palavra CRISMA vem do grego 'Christós', que significa unção, ungindo: ungido com o óleo para uma missão. Jesus é reconhecido pelos cristãos como o 'Ungido de Deus', isto é, o Messias, o 'Cristo'. O Sacramento da Crisma recebe também o nome de Confirmação, que tem o sentido de 'tornar firme' e indica a força de Deus que é dada no Espírito Santo ao batizado, para ele ser membro responsável na comunidade cristã.

O Evangelho nos relata que Jesus ficou *"... cheio do Espírito Santo"* e que foi enviado para uma missão (**Lc 3,22; 4,1**).

3. Leia o texto bíblico de Lc 4,14-21 e complete as questões:

   a. Qual a missão de Jesus?
   _____
   _____
   _____

   b. A partir da leitura do texto bíblico, analise as gravuras a seguir indicando o compromisso que assumimos com o Sacramento da Crisma.

EU LHES DAREI O MEU ESPÍRITO

Registre suas conclusões:

___
___
___
___

Comprometidos com a comunidade

- A unção com o Óleo do Crisma é o sinal concreto de nosso comprometimento com a comunidade em que vivemos. Este compromisso exige uma decisão pessoal, uma adesão ao Projeto do Reino de Deus e sua construção no meio de nós.
- Para tornar tudo isto mais claro é que cada um aceitou o chamado do Senhor e está aqui, porque quer preparar-se para o Sacramento, para ser testemunha de Cristo.
- Este compromisso tem duas exigências primeiras:
  • Participar ativamente das celebrações litúrgicas da comunidade.
  • Assiduidade nos encontros de preparação à Crisma.

 CELEBRANDO NOSSO ENCONTRO

Vamos cantar o refrão: '*Vem, Espírito Santo, vem, vem, iluminar!*'

Ler: Jo 14,26.

Agora, vamos fazer orações espontâneas pela perseverança de cada um na caminhada de preparação à Crisma. Após cada oração, vamos repetir o refrão.

Catequista: Peçamos a Deus a '*força do alto*', para que possamos aprender e recordar sempre os seus ensinamentos e sermos continuadores da missão de Jesus. Rezemos o Pai-nosso, de mãos dadas, para simbolizar a unidade do nosso grupo de catequese.

 **Lembrete**

- Conversar com a família e pesquisar sobre as características das pessoas que têm fé e que a testemunham.
- Observar as atitudes que contribuem e as que atrapalham o crescimento na fé.

03 | CHAMADOS A CRESCER NA FÉ

a fé é um dom de Deus. É uma resposta pessoal de adesão a Jesus Cristo e à sua mensagem, a Deus e ao seu Plano de Salvação.

Crismar é sinal do nosso compromisso de fé em Jesus Cristo. Na Crisma, o batizado é *confirmado* pela força do Espírito Santo para viver esta fé na comunidade.

1. Você saberia identificar as características de alguém que tem fé? Use o espaço para registrar quais são essas características.

Eu lhes darei o meu espírito

O Batismo é o Sacramento da fé. Porém, a fé deve crescer após o Batismo. Para que isso aconteça, torna-se necessário participar da vida da Igreja, aprendendo a compreender a sua linguagem e inserindo-a na sua vida, crescendo na fé.

2. Na Bíblia encontramos muitos textos sobre a fé. Vamos descobrir o que eles dizem?

Confiança em Deus

- Gl 3,6
- Gn 12,1-2; 13,14-18
- Sl 90(91)
- Sl 22(23)

Prova na fé

- Ex 4,1-9; 33,1-6

A Fé na esperança de um mundo melhor

- Is 40,1–41,20

Fé na Palavra de Cristo

- Lc 24,25-27
- At 24,14
- Mc 11,22-24
- At 3,12-16
- Jo 6,29-40
- Mt 7,16-27
- Mt 16,16-19

3. Agora que você descobriu o que os textos bíblicos trazem, expresse sua fé escrevendo uma mensagem que simbolize sua confiança em Deus.

4. Depois de perceber a importância de estar unido a Jesus Cristo em todos os momentos, complete o quadro identificando o que ajuda ou dificulta o seu crescimento na fé.

Atitudes que contribuem para o crescimento na fé	Atitudes que atrapalham o crescimento na fé

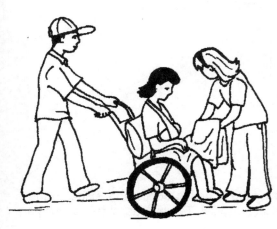

"Pelo Sacramento da Confirmação os cristãos são ligados mais perfeitamente à Igreja, são enriquecidos por uma força especial do Espírito Santo, são mais estreitamente ligados à fé. Como verdadeiras testemunhas de Cristo devem espalhar e defender essa fé, tanto por palavras como por obras" (LG, n. 11).

"Os leigos são especialmente chamados para tornarem a Igreja presente e atuante naqueles lugares e circunstâncias onde, apenas através deles, ela pode chegar como sal da terra" (LG, n. 33).

SAL E LUZ NO MUNDO

Preparar-se para o Sacramento da Crisma é buscar o crescimento na fé, para ser sal e luz no mundo, anunciando a Boa-Nova do Reino e testemunhando, com palavras e obras, a adesão a Jesus e sua mensagem.

Pare e pense:

- Que tipo de cristão eu quero ser?
- O que preciso fazer para crescer na fé?

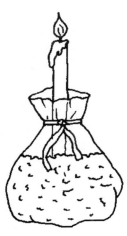

CELEBRANDO NOSSO ENCONTRO

Ler Mt 14,22-33: *"... homem de pouca fé, por que duvidaste?"*

Crismando, você é convidado a acompanhar a dinâmica que seu catequista irá apresentar.

Agora, vamos rezar juntos:

Leitor 1: Por todos os cristãos que ficam à margem de sua comunidade e não se envolvem com ela, peçamos:

Todos: Senhor, desperta em seus corações o desejo de crescer na fé.

Leitor 2: Por todos aqueles que participam sem envolvimento e compromisso, apenas cumprindo a 'obrigação', peçamos:

Todos: Senhor, desperta em seus corações o desejo de ser luz no mundo, testemunhando sua adesão a Jesus com palavras e obras.

Leitor 3: Por todos os cristãos que assumem a sua fé como membros comprometidos na comunidade, peçamos:

Todos: Senhor, dá-lhes a força especial do Espírito Santo, para que se mantenham firmes no testemunho de Cristo.

Canto: *Creio, Senhor.*

Lembrete

- Trazer fotos do seu Batismo.
- Observar que tipo (padrão) de adulto a nossa sociedade exige e que é projetado pelos meios de comunicação social: TV, revistas, classificados para empregos etc.
- Recortar figuras de modelos profissionais para organizar um painel.

CRISMA:
SACRAMENTO DA MATURIDADE CRISTÃ

a Crisma é um Sacramento para adolescentes, jovens e adultos, que já tenham um maior crescimento e maturidade em vários aspectos de sua personalidade. Isto lhes permitirá maior compromisso ao receberem a '*unção com o óleo do Crisma*' que, pela força do Espírito Santo, torná-los-á capazes de participar da vida de sua comunidade, assumindo as responsabilidades de uma fé adulta e comprometida com a Igreja.

1. Convido-o a escrever uma história real sobre alguém que, para você, tem uma fé adulta. Aproveite para contar como isso se manifesta.

   _____
   _____
   _____
   _____
   _____
   _____
   _____
   _____
   _____
   _____

2. Agora, em grupos, partilhe a sua história com os colegas e, depois, façam uma lista com palavras-chave, procurando estabelecer um perfil das atitudes de alguém que revela ter uma fé adulta:

   _____
   _____
   _____
   _____
   _____

   - Quais dessas palavras você identifica em sua vivência pessoal de fé?

   _____
   _____
   _____

EU LHES DAREI O MEU ESPÍRITO

À medida que uma pessoa vivencia sua fé no cotidiano, vai crescendo e aprofundando sua espiritualidade, mostrando nas suas atitudes concretas que os objetivos maiores que a orientam perpassam o amor a Deus e ao próximo.

Esta fé consciente e vivida pode ajudar a pessoa a crescer com equilíbrio e harmonia em todos os demais aspectos e atributos de sua personalidade, dando-lhe um sentido novo: '*crescer para servir*'.

3. Diante dessa reflexão, convidamos para:

   a. Organizar, em grupos, uma exposição sobre os estereótipos divulgados e propostos pelos meios de comunicação social.

   b. Observar a exposição, refletir e conversar sobre:
      - Que '*tipo de adulto*' a nossa sociedade exige e está apresentado (projetando) nos modelos divulgados pelos meios de comunicação social?
      - Das características observadas, quais delas representam necessidades e quais são dispensáveis?
      - Esses modelos de comportamento influenciam no desenvolvimento da maturidade? Como?
      - Como os adolescentes e os jovens, nesse contexto, podem ser testemunhas da mensagem de Jesus?

4. Depois, escrevam um texto coletivo sobre as conclusões da conversa e reflexão, destacando como a maturidade cristã pode ajudá-los a discernir diante das influências que recebem no seu dia a dia.

   a. Registre no espaço, a partir do texto produzido, o que considera mais importante para sua vida.

CRESCENDO NA COMUNIDADE

Cada pessoa expressa sua fé de acordo com as diferentes etapas de seu crescimento e conforme a cultura e a caminhada da comunidade.

É preciso pensar e descobrir como está a sua caminhada pessoal de amadurecimento:

- Quais são as características de fé, de meu tempo de criança, que ainda vivem em mim?
- Quais as características de fé adulta, madura, que eu já possuo?
- O que preciso fazer, ainda, para assumir as responsabilidades de uma fé comprometida com a Igreja?

CELEBRANDO NOSSO ENCONTRO

Em círculo, vamos ler alguns textos que podem iluminar o momento que estamos vivendo: um grupo de crismandos dispostos a assumir sua fé e sua missão a partir de um sinal concreto, o Sacramento da Crisma, Sacramento da maturidade na fé.

Por meio dos textos, podemos comparar algumas etapas da vida de Jesus e da nossa – do ponto de vista humano e espiritual. Vamos realizar este exercício e fazer esta comparação?

1º leitor: Lc 2,21-22.

- O que o texto fala sobre Jesus?
- O que aconteceu conosco, recém-nascidos?

2º leitor: Lc 2,39-40.

- O texto fala do crescimento em três aspectos... Quais são?
- O que aconteceu conosco desde o nascimento até os 7-10 anos?

3º leitor: Lc 2,42-52.

- O que este texto mostra sobre Jesus?
- E nós, quando começamos a compreender um pouco mais sobre a vida da nossa Igreja e a participar ativamente de sua liturgia?

4º leitor: Mc 6,1-13.

- Qual a profissão de Jesus? Onde e com quem morava?
- E vocês, o que fizeram, como e com quem conviveram desde os 12 anos até agora?

EU LHES DAREI O MEU ESPÍRITO

5º leitor: Mc 1,2-15.

- Qual o significado do Batismo dado por João a Jesus?
- Na nossa vida de cristãos, hoje, qual é a celebração que marca e indica o início de nossa opção consciente de anunciadores e construtores do Reino?

6º leitor: Mc 1,16-20.

- Chamando os quatro primeiros discípulos, Jesus diz logo qual seria o trabalho deles? Qual?
- Vocês se sentem prontos e decididos a seguir o caminho de Cristo, isto é, a ser hoje 'outro Cristo', um cristão, sinal de redenção na nossa sociedade injusta, corrupta e opressora?

Catequista: No Batismo de Jesus e no nosso Batismo, Deus manifestou seu amor de Pai, marcando-nos como seus filhos queridos. O Espírito Santo impeliu Jesus para sua missão redentora no meio dos homens. E nós, pela Crisma, seremos marcados e ungidos pelo mesmo Espírito Santo, que nos revestirá de sua luz e de sua força para sermos fiéis à nossa missão de cristãos.

Como filhos de Deus, vamos dizer juntos:

Pai, que se realize o teu Reino no meio de nós e que façamos tua santa vontade. Pai-nosso...

- Você já ouviu, ou já viu em filmes, falar sobre julgamentos, não é? Nestes casos, as testemunhas são pessoas muito importantes. Procure se informar sobre alguns casos, verdadeiros ou de filmes, para conversar no próximo encontro.

"SEREIS MINHAS TESTEMUNHAS"
(At 1,8)

A Igreja nasceu do *Mistério Pascal de Cristo* – sua paixão, morte e ressurreição. Começou a se expandir no dia de Pentecostes, quando os Apóstolos foram investidos dos dons e da força do Espírito Santo. Realizava-se assim a promessa de Jesus: *"O Espírito Santo descerá sobre vocês e dele receberão força para serem minhas testemunhas em Jerusalém, em toda a Judeia, na Samaria e até os confins da terra."* (At 1,8)

EU LHES DAREI O MEU ESPÍRITO

1. Em grupos, vamos refazer, por meio dos textos bíblicos indicados, a caminhada dos apóstolos na sua experiência de tornarem-se '*testemunhas*' de Jesus Ressuscitado:

    a. Ler os textos e fazer um cartaz com as palavras-chave para apresentar aos outros grupos.
       • **Grupo 1:** Mt 16,21-23; 17,22-23; Lc 18,31-34.

• **Grupo 2:** Mc 14,50-52; Jo 20,9.

• **Grupo 3:** Lc 24,11.15-16.21-24.36-43; Mc 16,9-11; Jo 20,25; Jo 21,4; Mt 28,5-8; 1Cor 15,3-8.

• **Grupo 4:** At 2,1-21.32-36.

b. Mas, e hoje, o que é essencial e necessário para uma pessoa dar testemunho?

_____
_____
_____
_____

2. Para entender esse processo, propomos:
a. Refletir sobre a pesquisa que realizaram sobre julgamentos.
b. A partir desta pesquisa e das atitudes dos apóstolos, podemos dizer que:

- Testemunhar é _____

_____
_____

- Ser testemunha é _____

_____
_____

O testemunho dos apóstolos

-   Os apóstolos, confirmados pela força do Espírito Santo, testemunharam o que viram e ouviram e muitos creram no seu testemunho, sem ter visto, ouvido ou conhecido Jesus.

-   As gerações dos cristãos, que se seguiram até nós, creram pelo testemunho de outros cristãos. Todos recebemos de Deus o dom da fé, que celebramos no Batismo. Mas, começamos a expressá-la junto com nossos pais, catequistas, outras pessoas ligadas a nós e na Comunidade-Igreja a que pertencemos.

-   Vocês, agora, pelo Sacramento da Crisma ou Confirmação, são chamados a testemunhar publicamente, por si, que creem em Jesus Cristo e que escolhem viver o Evangelho como meio de salvação e transformação da sociedade. Para serem fiéis e perseverantes, os crismandos são investidos de uma '*força do alto*', do Auxiliador, o Espírito Santo. É um novo Pentecostes acontecendo na vida de cada crismado: o Espírito Santo o torna combatente do Reino de Deus, sinal e testemunha de Cristo, enviado ao mundo para a santificação dos homens.

3. Vamos, agora, compartilhar nossa fé cristã e nossas sugestões concretas de como professá-la e testemunhá-la em nossa vida de adolescentes e jovens.

Para pensar e agir:

- Como você pode dar testemunho verdadeiro e convincente de Jesus Cristo, hoje, no ambiente em que vive?

CELEBRANDO NOSSO ENCONTRO

Vamos lembrar que Maria, Mãe de Jesus, estava no Cenáculo com aquele primeiro grupo de cristãos, refletindo, rezando e implorando luzes. Vamos cantar, pedindo a sua proteção.

Catequista: Crer em Jesus Cristo e no seu Evangelho é a verdade central de nossa fé. A partir das pregações e cartas dos apóstolos, de São Paulo, dos evangelistas e de outros missionários da Igreja nascente foi elaborada uma síntese das verdades aceitas e professadas pelos cristãos: é o 'CREDO ou CREIO', chamado de 'Símbolo dos Apóstolos'. Esta primeira fórmula foi atribuída aos Apóstolos, não escrita por eles.

Como sinal de nossa fé, vamos acender uma vela e rezar o Credo, pausadamente, destacando cada verdade em que a Igreja acredita e professa.

Todos: Creio em Deus Pai todo-poderoso, criador do céu e da terra. E em Jesus Cristo, seu único Filho, Nosso Senhor; que foi concebido pelo poder do Espírito Santo; nasceu da Virgem Maria...

Catequista: Cada um, espontaneamente, pode fazer uma oração pedindo ao Espírito Santo que o ajude a ser testemunha de Jesus. Após cada oração, todos vamos cantar (ou rezar) o refrão: '*Vem, Espírito Santo, vem, vem iluminar!*' (KOLLING, Ir. Míria T. et al. *Cantos e orações*: para a liturgia da missa, celebrações e encontros. Petrópolis: Vozes, 2004).

EU LHES DAREI O MEU ESPÍRITO

Lembrete

- Trazer jornais e revistas com notícias do mundo atual.

06 "FORTALECIDOS PELO ESPÍRITO SANTO"

O Espírito Santo: dons e frutos

O Espírito Santo anima a caminhada da Igreja. É ele quem une as pessoas em nome de Jesus Cristo. Pela sua graça, fazemos o bem e nos colocamos a serviço do outro.

1. Leia 1Cor 12,4-11 e registre o que você entendeu:

_____
_____
_____

Os dons do Espírito Santo são disposições permanentes que nos tornam dóceis para nos deixarmos guiar por ele. É graça, porque nos ajuda a desempenhar bem nosso serviço na comunidade e a darmos testemunho dos ensinamentos de Jesus.
- Os sete dons do Espírito Santo (cf. CIC, n. 1830-1831):

1. **Sabedoria:** faz-nos conhecer Deus, os seus planos, a sua bondade, a sua misericórdia, o seu amor, fazendo-nos saborear as coisas de Deus (cf. 1Cor 2,6-13).

2. **Inteligência:** dá-nos uma compreensão intuitiva, penetrante, das verdades reveladas contidas na Bíblia (cf. 1Pd 3,15).

3. **Conselho:** faz-nos julgar pronta e seguramente, por uma espécie de intuição sobrenatural, o que convém fazer, sobretudo nos casos difíceis (cf. Ef 5,15-17).

4. **Fortaleza:** dá-nos a vontade, um impulso e uma energia que nos permite fazer ou sofrer, alegre e corajosamente, grandes coisas, apesar de todos os obstáculos (cf. Ef 6,10-20).

5. **Ciência:** faz-nos conhecer as coisas criadas nas suas relações com Deus (cf. Ef 3,14-19).

6. **Piedade:** produz em nossos corações uma afeição filial para com Deus, para nos fazer cumprir com santo fervor os nossos deveres religiosos (cf. 1Pd 2,4-5).

7. **Temor de Deus:** afasta-nos do pecado, pois ele desagrada a Deus e nos faz esperar no poder do seu auxílio para superarmos as tentações (cf. Eclo 2,7-23).

OS FRUTOS DO ESPÍRITO SANTO:

"Os frutos do Espírito são perfeições que o Espírito Santo modela em nós como primícias da glória eterna. A tradição enumera doze: 'caridade, alegria, paz, paciência, longanimidade, bondade, benignidade, mansidão, fidelidade, modéstia, continência, castidade (Gl 5,22-23)." (CIC, n. 1832)

DE " ÔLHÔ NA REALIDADE"

2. Agora que você conhece os dons e os frutos do Espírito Santo, volte a olhar para o painel que você e seus colegas elaboraram com a orientação do catequista e responda:

a. O que nós podemos perceber da realidade do mundo atual através das manchetes apresentadas pelos meios de comunicação?

_____
_____
_____

b. Como seria o mundo se todos estivessem abertos à ação do Espírito Santo de Deus? As notícias seriam as mesmas?

_____
_____
_____

A Missão do Cristão

- *"O cristão recebe a unção (2Cor 1,21; Jo 2,20.27); é também um ungido. Pela Crisma somos ungidos no 'Ungido', como pelo Batismo somos feitos filhos no Filho. O gesto simbólico da Crisma sublinha, pois, que o Espírito, como DOM, é conferido ao cristão em vista do seu seguimento de Jesus Cristo, e da sua participação na missão da Igreja, cujas dimensões podem ser apresentadas da seguinte maneira:*

- ANÚNCIO (Diaconia): assumir a ação pastoral da Igreja a serviço do Reino de Deus;

- SERVIÇO (Koinonia): promover a unidade, a fraternidade e a participação;

- TESTEMUNHO (Martyria): testemunhar a fé através de uma vida cristã e da defesa da justiça em favor dos enfraquecidos e pobres;

- *CELEBRAÇÃO (Liturgia): celebrar o mistério de Cristo na vida da comunidade: Eucaristia, Sacramentos, festas litúrgicas, expressões de piedade popular."*

(Estudos da CNBB 61, n. 26)

3. Depois de tudo que você viu e ouviu, pense:

   a. Como você pode assumir sua missão na família, comunidade, Igreja, sociedade?

   _____
   _____
   _____

CELEBRANDO NOSSO ENCONTRO

Catequista: Cada uma das velas que vamos acender representa um dom do Espírito Santo. Vamos rezar, pedindo a Deus os seus dons.

Após cada oração, vamos cantar o refrão: **'Espírito, Espírito, que desce como fogo, vem como em Pentecostes e enche-me de novo.'**

(KOLLING, Ir. Míria T. et al. *Cantos e orações*: para a liturgia da missa, celebrações e encontros. Petrópolis: Vozes, 2004)

Lembrete

- Pesquisar e trazer a história de algum 'mártir'.
- A palavra grega '*martyr*', significa '*testemunha*'. Alguém que sofreu tormentos, torturas ou a morte por sustentar a fé cristã; ou por causa de suas crenças e opiniões; ou por um trabalho, experiência etc.
- Pesquisar, em livros ou ouvir das pessoas, uma história resumida desses santos cristãos ou líderes do povo – de ontem e de hoje.
- Procurar informar-se sobre os meios de comunicação usados nas diversas Igrejas cristãs – católica e outras – para anunciar e difundir, hoje, sua fé e doutrina religiosa. Recolha algum material usado: livros, revistas, panfletos, jornais, audiovisuais, cartazes... e datas e horários de programas de rádio, de televisão, e visitas ou catequese sistemática. Se for possível, trabalhe em equipe.

07 | FIÉIS À MISSÃO DE JESUS

Estamos na era da comunicação. Deus, o Comunicador por excelência, quis que sua Palavra estabelecesse sua morada visivelmente entre nós, na Sagrada Escritura e na pessoa de Jesus.

Jesus partilha com seus discípulos a comunicação da Boa-Nova, enviando-os em missão.

1. Vamos ler Mt 28,19-20 e Mc 16, 15-18 e descobrir como isso ocorre.

"Partiram para anunciar..."
Cumprindo a missão que Jesus lhes confiara, os apóstolos partiram para evangelizar, anunciando o Evangelho, convertendo e batizando. A rápida difusão do cristianismo por entre judeus e pagãos preocupava as autoridades judaicas e romanas. Dá-se início ao período chamado da 'Igreja dos Mártires' em que os cristãos, pela sua fé em Jesus Cristo e seu modo peculiar de viver, foram perseguidos, caluniados, presos, torturados e martirizados.

2. Todos realizaram uma pesquisa sobre um mártir. Quais foram os nomes que apareceram? Que tal registrar no espaço o que você e seus colegas reuniram?
_____
_____
_____

3. O que todas estas pessoas tinham em comum?
_____
_____

EU LHES DAREI O MEU ESPÍRITO

"Não há maior amor que dar a vida pelo irmão" (Jo 15,13)

O martírio foi, na vida das primeiras comunidades cristãs, a conseqüência natural da opção dos apóstolos e discípulos de Jesus de abraçar e continuar anunciando o seu Projeto no mundo. Muitas pessoas seguiram seu exemplo e serão lembradas pela sua luta em prol da instauração do Reino de Deus na história.

4. A nossa sociedade continua a fazer mártires aqueles que lutam por justiça, igualdade e paz. Por que isso acontece?

_____
_____
_____
_____

Hoje, como ontem, Jesus continua conosco a caminhada de construção do Reino do Pai, um Projeto de Vida. É Pentecostes acontecendo, renovando-se e renovando-nos! Mas, assim como o Espírito Santo é força para unir as pessoas no amor e no perdão, há também a realidade da Torre de Babel, em que reina a linguagem do poder e do orgulho, que confundem e dispersam as pessoas.

- Pense nisto e, depois, cite alguns exemplos:

EM NOSSOS DIAS	
PENTECOSTES	TORRE DE BABEL

5. A nossa fé em comunidade, hoje, é sinal de contradição para o mundo? Por quê?

_____
_____
_____
_____

Continuadores da missão de Jesus

O Sacramento da Crisma dá ao cristão, além da santificação pessoal, a missão e a capacidade de proclamar a sua fé, bem como de atuar em sua comunidade eclesial de acordo com as exigências históricas da mesma e com a diversidade de ministérios e carismas.

- O Sacramento da Crisma acentua o envio, a missão. Expressa, no gesto simbólico, a dimensão pentecostal do ministério de Cristo. No Pentecostes, pela força do Espírito Santo, Deus estabeleceu e confirmou a Igreja como continuadora da missão do Cristo através dos tempos em todo o mundo. O cristão é fortalecido com a força do mesmo Espírito Santo para ser membro ativo da Igreja e pôr-se a serviço do Reino. O crismado é chamado a atuar na sua comunidade e testemunhar Cristo no mundo (cf. Estudos da CNBB 61, n. 28).

Mas, como anunciar a 'Boa-Nova' do Evangelho nos dias de hoje?

É preciso pensar em como integrar a mensagem cristã e os ensinamentos da Igreja nessa nova cultura, criada pelas modernas comunicações.

6. Converse com seu catequista e colegas, buscando alternativas e propostas para o uso adequado dos meios de comunicação na evangelização.

Para pensar e agir:

- Como você pode atuar na sua comunidade, testemunhando Jesus Cristo?

_____
_____
_____

CELEBRANDO NOSSO ENCONTRO

Catequista:

- Pela Crisma, confirmaremos nossa adesão a Cristo e ao Evangelho. Pela força do Espírito Santo, nos tornaremos apóstolos de Jesus, chamados a dar testemunho de nossa fé em meio a todos os perigos e desafios que o mundo nos impõe.

- A cruz é a marca do cristão, sinal de redenção. Por ela e nela muitos deram a sua vida para que outros tivessem mais vida.

  - Acender as velas e ficar ao redor da cruz, para refletir e cantar:

    'Prova de amor maior não há, que doar a vida pelo irmão...'

(KOLLING, Ir. Míria T. et al. *Cantos e orações*: para a liturgia da missa, celebrações e encontros. Petrópolis: Vozes, 2004)

 Lembrete

- Converse com seus familiares, comunidade e procure saber por que a Igreja é '*Una, Santa, Católica e Apostólica*'.

08 — A IGREJA NO MUNDO:
DEUS PRESENTE NA HISTÓRIA

"... Para oferecer a todos o mistério da salvação e a vida que vem de Deus, a Igreja deve se inserir em todos esses grupos humanos como Cristo que, por sua encarnação, sujeitou-se às condições culturais e sociais daqueles com quem conviveu" (AG, n. 1110).

Nós somos esta Igreja de Cristo que caminha na história, procurando ser para cada povo, em cada época e nas diferentes culturas, uma resposta e uma proposta de Deus aos seus anseios e esperanças. É por isso que a Igreja não pode manter-se fixa, rígida, imutável. Ela deve ser um sinal legível do Reino de Deus, sinal compreensível por todos os homens – os de ontem, os de hoje e os de amanhã.

1. Explique, com suas palavras, o título deste tema: '*A Igreja no mundo: Deus presente na história*'.

   _____
   _____
   _____
   _____

2. Observando a caminhada da Igreja, vimos que ela teve seu início em Pentecostes... Hoje, continua este Pentecostes por meio de nós, cristãos. Como? Dê sua resposta preenchendo o quadro.

A Igreja é o 'corpo místico' de Cristo.

Eu lhes darei o meu espírito

3. Leia e escreva os versículos:

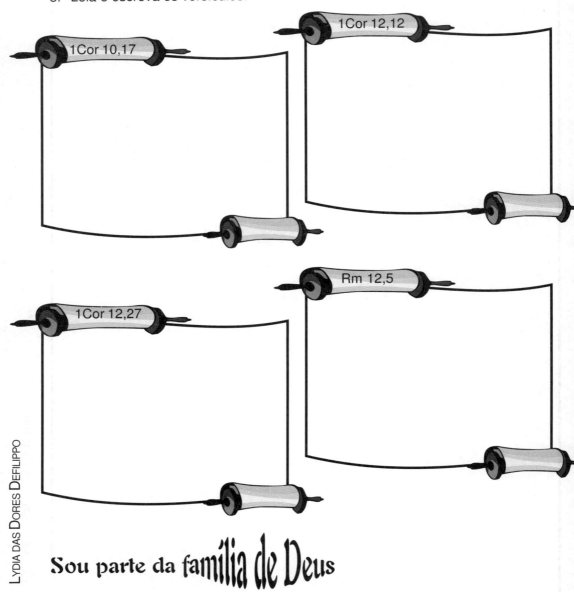

Sou parte da família de Deus

"Todos os homens são chamados a fazer parte do Povo de Deus, a fim de que, em Cristo, os homens constituam uma só família e um só Povo de Deus" (CIC, n. 804).

- Quando rezamos o Credo, professamos ser parte da família de Deus dizendo:
  - No Símbolo dos Apóstolos: "*Creio... na Santa Igreja Católica...*".
  - E, no Símbolo Niceno-Constantinopolitano: "*Creio na Igreja, Una, Santa, Católica e Apostólica.*"

Mas, o que significa: Una, Santa, Católica e Apostólica?

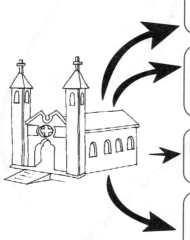

Una: tem um só Senhor, confessa uma só fé, nasce de um só Batismo, forma um só Corpo, vivificado por um só Espírito, em vista de uma única esperança, no fim da qual serão superadas todas as divisões.

Santa: o Deus Santíssimo é seu autor; Cristo, seu Esposo, se entregou por ela para santificá-la; o Espírito de santidade a vivifica. Embora congregue pecadores, ela é 'imaculada [feita] de maculados' ('ex maculatis immaculata'). Nos santos, brilha a santidade da Igreja; em Maria, esta já é toda santa.

Católica: anuncia a totalidade da fé; traz em si e administra a plenitude dos meios de salvação; é enviada a todos os povos; dirige-se a todos os homens; abarca todos os tempos; '*ela é, por sua própria natureza, missionária*'.

Apostólica: está construída sobre fundamentos duradouros: "*os doze Apóstolos do Cordeiro*" (Ap 21,14); ela é indestrutível; é infalivelmente mantida na verdade: Cristo a governa através de Pedro e dos demais apóstolos, presentes nos seus sucessores, o Papa e o colégio dos Bispos.

JESUS SEMPRE PRESENTE EM NOSSA IGREJA

Nossa Igreja é constituída de pessoas humanas, por isso nela há erros, morte, pecado. Mas, Jesus prometeu que seu Espírito estaria sempre presente nela, por isso é santa, inspirada. Nisto se confirma a dupla realidade de nossa Igreja: *santa* (presença e ação de Deus) e *pecadora* (orgulho e fraqueza humana, que se nega permitir a ação de Deus).

4. A partir destas informações, converse com seus colegas e escreva quais são as '*pedras*' e as '*luzes*' da nossa Igreja hoje.

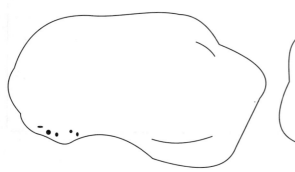

5. Um cristão de fé adulta pode crer nesta Igreja e não se afasta dela, nem desanima facilmente de lutar e colaborar para que sua comunidade seja fiel a Deus e revele a 'Luz de Cristo' a todos. A Crisma nos investe desta missão!

__Minha oração de compromisso com a Igreja é:__

CELEBRANDO NOSSO ENCONTRO

Catequista: Vamos celebrar esta Igreja de Cristo *'encarnada'* na história, presente no mundo inteiro, procurando inculturar-se em cada grupo de cristãos; aberta às descobertas científicas, sociais e teológicas; procurando ser, explicar e apoiar o ser humano, a vida terrena e futura, o sofrimento, a pobreza, o poder político e religioso. Uma Igreja santificada pelo Espírito Santo que a conduz, mas limitada e sujeita a falhas e ao pecado, porque nascida no meio dos homens e para os homens.

Por isso, pedimos perdão, cantando ou rezando:

1. 'Pelos pecados, erros passados; por divisões na tua Igreja, ó Jesus!

Senhor, piedade! Senhor, piedade! Senhor, piedade, piedade, piedade de nós!

2. Quem não te aceita, quem te rejeita, pode não crer por ver cristãos que vivem mal!

Cristo, piedade! Cristo, piedade! Cristo, piedade, piedade, piedade de nós!

3. Hoje, se a vida é tão ferida, deve-se à culpa, indiferença dos cristãos!

Senhor, piedade! Senhor, piedade! Senhor, piedade, piedade, piedade de nós!

(KOLLING, Ir. Míria T. et al. *Cantos e orações*: para a liturgia da missa, celebrações e encontros. Petrópolis: Vozes, 2004)

Leitor 1: Vamos ler 1Cor 13, em forma de 'eco'.

Catequista: Cada um de nós é convidado a falar o que mais lhe chamou atenção nesta leitura. Após cada um se expressar, vamos dizer (ou cantar) juntos:

'*Enviai o Vosso Espírito, Senhor, e da terra toda a face renovai!*'

(KOLLING, Ir. Míria T. et al. *Cantos e orações*: para a liturgia da missa, celebrações e encontros. Petrópolis:Vozes, 2004)

Leitor 2: Nossa oração (que fizemos na atividade 5) é a expressão do nosso compromisso e desejo de colaborar na comunidade, sendo fiel a Deus. Vamos rezá-la, um de cada vez. E, como comunidade, vamos renovar a esperança na missão que a Crisma vai nos investir, dizendo juntos, após cada oração: 'Caminhamos na estrada de Jesus'.

Finalizar cantando a música '*Monte Castelo*' (Renato Russo).

Lembrete

- Reze com mais piedade, na missa do próximo domingo, a '*Oração pela Igreja*', junto com sua comunidade, e escute com bastante atenção a leitura do Evangelho e a homilia; procure guardar a mensagem e aplicá-la no seu dia a dia. Os padres são '*anunciadores da Palavra de Deus*', como os apóstolos.
- Informar-se com o pároco, a secretária da paróquia ou outras pessoas: como funciona nossa Igreja na prática, como estão organizadas todas as atividades, movimentos, celebrações, associações, obras sociais.

09 | UMA IGREJA A SERVIÇO

*N*ós somos a Igreja e a construímos; a vida paroquial ou comunitária se expressa através das atividades: é a ação do Espírito Santo movendo a Igreja. A própria vida é ação do Espírito Santo que nos move. Tendo aprendido, no Evangelho, a proposta de Jesus para realizar o Projeto do Pai, deixamo-nos penetrar e mover pelo Espírito que ele prometeu. O resultado é essa Igreja cheia de vida que temos aí, vivendo o projeto de construção do Reino, conforme Jesus veio propor.

A Igreja Viva se expressa através de seus membros e de suas atividades

1. Anote, nos '*tijolos*' que formam a Igreja, as atividades pastorais de sua comunidade.

2. A sua participação é muito importante nas atividades pastorais de sua comunidade.
   • Pense e escreva:

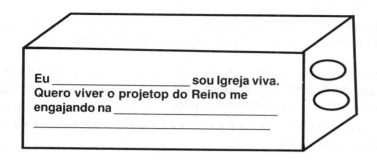

Eu _____ sou Igreja viva.
Quero viver o projetop do Reino me
engajando na _____

3. Em grupos, estudem e conversem sobre os textos bíblicos e, depois, registrem:

- At 2,42
- At 4,32-35
- At 6,2-6
- At 8,34-38
- At 9,17-20
- Cl 3,16-17
- 1Ts 5,12-16
- Tt 3,13-14
- Tg 1,27
- Tg 2,2-5
- Tg 5,13-16

a) Que atividades da Igreja dos Apóstolos são descritas nos textos?

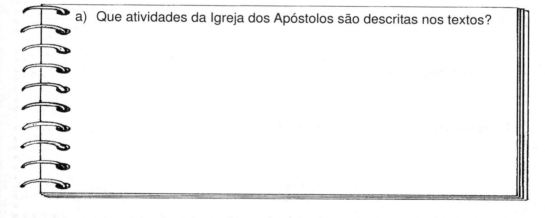

b) Que atividades semelhantes você vê na nossa Igreja, hoje?

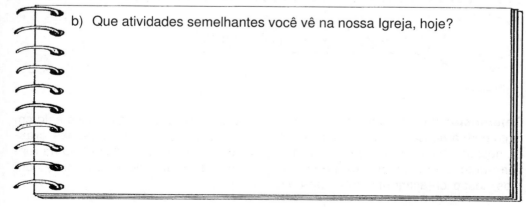

EU LHES DAREI O MEU ESPÍRITO

Ser cristão atuante

Você está se preparando para receber o Sacramento da Crisma, para isso é preciso assumir o compromisso de ser cristão atuante na Igreja.

4. Que tal ampliar os seus conhecimentos sobre a atividade pastoral com a qual você mais se identificou? Então, procure a pessoa responsável ou algum participante desta pastoral e complete o roteiro:

a. Atividade ou movimento: _____

b. Objetivos (o que pretende): _____

c. Dia, horário e local de funcionamento/reuniões: _____

d. Para quem se destina? _____

e. Quem lhes orienta? (responsável ou coordenador) _____

f. Há uma preparação ou planejamento? Como é feita? _____

CELEBRANDO NOSSO ENCONTRO

Catequista: Vamos oferecer também, junto com a nossa disposição em servir, os nossos receios e inseguranças, que vêm junto com a alegria de percebermos nosso crescimento: tornamo-nos, pela graça de Deus, pelo nosso esforço, capazes de agir como pessoas crescidas, dando nossa participação na realização do Plano de Deus, junto com Jesus.

Leitor 1: Cada crismando é convidado a apresentar uma palavra que represente o significado do encontro para a sua missão de 'ser Igreja'. Depois de cada um se expressar, vamos cantar: "*Agora é tempo de ser Igreja, caminhar juntos, participar...*"

Leitor 2: Ler Mc 10,42-45.

Catequista: Durante a preparação e realização da IV Conferência dos Bispos da América Latina, em Santo Domingo, no ano de 1993, foi rezada esta oração, que contém uma síntese dos objetivos e conteúdos das reflexões feitas na ocasião. Rezemos esta oração lembrando que, se estamos unidos à Igreja do mundo inteiro, ainda mais nos unimos aos outros cristãos latino-americanos, pela cultura, proximidade geográfica e semelhante situação socioeconômica. Pela Crisma, você estará mais apto para se colocar a serviço dessa Igreja, cujo povo convive com tantas dificuldades, mas que, ao mesmo tempo, se manifesta cheia de vitalidade. A Igreja da América Latina desperta a esperança de vida nova para a Igreja do mundo todo.

Todos: Oração da Conferência de Santo Domingo:

Senhor Jesus Cristo, Filho de Deus vivo,
Bom Pastor e irmão nosso,
Nossa única opção é por ti.
Unidos no amor e na esperança,
Sob a proteção de Nossa Senhora de Guadalupe,
Estrela da Evangelização, pedimos o teu Espírito.
Dá-nos a graça, em continuidade com Medellín e Puebla, de nos empenhar numa Nova Evangelização, à qual todos somos chamados,
Com o especial protagonismo dos leigos,
Particularmente dos jovens,
Comprometendo-nos numa educação contínua da fé, celebrando teu louvor,
E anunciando-te para além das nossas próprias fronteiras, em uma igreja decididamente missionária.
Aumenta nossas vocações para que não faltem operários na tua messe.
Anima-nos a nos comprometer com a promoção integral do povo latino-americano e caribenho, a partir de uma evangélica e renovada opção preferencial pelos pobres e a serviço da vida e da família.
Ajuda-nos a trabalhar
Por uma evangelização inculturada,
Que penetre os ambientes de nossas cidades,
Que se encarne nas culturas indígenas e afro-americanas,
Por meio de uma eficaz ação educativa
E de uma moderna comunicação.
Amém.
(SD, n. 303)

- Procure conversar com seus familiares sobre os Mandamentos da Lei de Deus, para descobrir como são vividos e como são interpretados.

10 | UM PROJETO ANTIGO E ATUAL:
OS MANDAMENTOS

Deus é o Bem. Seu projeto é bom. Criou o ser humano à sua imagem e semelhança, portanto, bom, feliz, dotado da capacidade de escolher e de amar. Seu projeto, porém, foi esquecido por muitos. Entretanto, alguns homens, chamados por Deus, fizeram do projeto de Deus seu ideal e sua busca. A missão deles foi ajudar os outros na conquista da felicidade projetada por Deus e destruída pela ambição de muitos.

O povo israelita, mesmo sendo oprimido pelo Faraó e por outros reis, conservou a memória de duas grandes verdades reveladas no Sinai, com o Decálogo, e retomadas por Jesus:

1ª - Javé é nosso Deus.
2ª - Nós somos o seu Povo.

O Decálogo, mais que Mandamentos e Leis, é um Projeto de Vida, um compromisso de todo aquele que deseja um mundo feliz.

Pare e pense:

1. E você, assim como Moisés, o que pode fazer para colaborar com Deus na construção de um mundo melhor?

_____
_____
_____

2. A partir da história e da experiência, podemos identificar o código da Aliança de Javé com seu povo e como ele foi traduzido pela Igreja. Então, em duplas, comparem e sublinhem as *semelhanças* com 2 traços (=) e as *diferenças* com 1 traço (-):

A Bíblia os redigiu assim (cf. Ex 20,2-17):

Eu sou Javé, seu Deus, que fiz você sair da terra do Egito, da casa da escravidão...

1º *Não tenha outros deuses diante de mim.*

2º *Não faça para você ídolos... Não se prostre diante desses deuses, nem sirva a eles...*

3º *Não pronuncie em vão o nome de Javé seu Deus...*

4º *Lembre-se do dia de sábado para santificá-lo. Trabalhe durante seis dias e faça todas as suas tarefas. O sétimo dia, porém, é o sábado de Javé seu Deus. Não faça nenhum trabalho, nem você, nem seu filho, nem sua filha, nem seu escravo, nem seu animal, nem o imigrante que vive em suas cidades...*

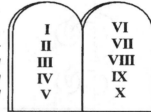

5º *Honre seu pai e sua mãe. Desse modo, você prolongará sua vida na terra que Javé seu Deus dá a você.*

6º *Não mate.*

7º *Não cometa adultério.*

8.º *Não roube.*

9.º *Não apresente testemunho falso contra o seu próximo.*

10º *Não cobice a casa do seu próximo, nem a mulher do próximo, nem o escravo, nem a escrava, nem o boi, nem o jumento, nem coisa alguma que pertença ao seu próximo.*

A Igreja os traduziu assim:

1º Amar a Deus sobre todas as coisas.
2º Não tomar seu Santo Nome em vão.
3º Guardar os domingos e festas.
4º Honrar pai e mãe.
5º Não matar.
6º Não pecar contra a castidade.
7º Não furtar.
8º Não levantar falso testemunho.
9º Não desejar a mulher do próximo.
10º Não cobiçar as coisas alheias.

EU LHES DAREI O MEU ESPÍRITO

3. Agora, depois de ler e comparar os dois quadros, completem:

   a. Hoje, nós os compreendemos assim:

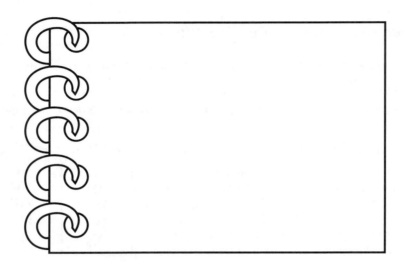

A doutrina da Igreja, inspirada nas Sagradas Escrituras, traduziu de várias maneiras as atitudes que são a favor ou contra o Projeto de Javé. Leia com atenção:

As OBRAS DE MISERICÓRDIA brotam em você e nos seus irmãos a partir da consciência de dignidade humana. Veja quais são:

| OBRAS DE MISERICÓRDIA || O PECADO | AS VIRTUDES |
CORPORAIS	ESPIRITUAIS		
1. Dar de comer a quem tem fome. 2. Dar de beber a quem tem sede. 3. Vestir os nus. 4. Dar pousada aos peregrinos. 5. Visitar os enfermos. 6. Remir os cativos. 7. Enterrar os mortos.	1. Dar bom conselho. 2. Ensinar os ignorantes. 3. Corrigir os que erram. 4. Consolar os aflitos. 5. Perdoar as injúrias. 6. Sofrer com paciência as fraquezas do próximo. 7. Rezar pelos vivos e mortos.	Os pecados que estão na raiz de toda a morte ao Projeto de Javé e são contrários às virtudes evangélicas: 1. Soberba 2. Avareza 3. Luxúria 4. Ira 5. Gula 6. Inveja 7. Preguiça	As virtudes que estão na raiz viva do Projeto de Javé e do Evangelho de Jesus: TEOLOGAIS • Fé • Esperança • Caridade MORAIS • Prudência • Temperança • Justiça • Fortaleza

4. Agora, em grupos, analisem o quadro e identifiquem como se expressam, hoje, essas atitudes em nossa realidade. Apresente as conclusões de seu grupo de forma criativa.

Quando o projeto antigo é atual!

Um projeto tão antigo como esse ainda é atual quando traduzido em ações concretas que primam pelo respeito e dignidade da pessoa humana propondo realizar na prática a vivência do amor a Deus e ao próximo.

Como você pode colaborar para que os valores do projeto de Deus, assinado no Sinai e renovado por Jesus, possam ser concretizados?

CELEBRANDO NOSSO ENCONTRO

Catequista: Vamos expressar o nosso desejo de viver a Aliança com Deus e ser seus colaboradores na obra de reconstrução de seu Projeto de Vida. Vamos fazer isso afirmando o nosso sim e apresentando o resultado da atividade 4.

Após a apresentação de cada dupla vamos cantar o refrão a seguir, que será a expressão do nosso compromisso e desejo de viver a Aliança com Deus:

'Sim, eu quero que a luz de Deus, que um dia em mim brilhou, jamais se esconda e não se apague em mim o seu fulgor. Sim, eu quero que o meu amor ajude o meu irmão a caminhar guiado por tua mão, em tua lei, em tua luz, Senhor!' (KOLLING, Ir. Míria T. et al. *Cantos e orações*: para a liturgia da missa, celebrações e encontros. Petrópolis: Vozes, 2004)

Catequista: Rezemos, confirmando esta aliança, a oração do Pai Nosso, de mãos dadas.

Lembrete

- Como adolescentes e jovens cristãos, passamos pelo desafio de viver em uma realidade rica de valores e, ao mesmo tempo, repleta de problemas. Vamos nos preparar para refletir sobre isso no próximo encontro, procurando responder as perguntas seguintes:

  a) Como vivem os adolescentes e os jovens na nossa comunidade?
  b) Onde se reúnem?
  c) Que músicas ouvem?
  d) De que se ocupam e com que se preocupam?
  e) Quais os sonhos e medos dos adolescentes e jovens de hoje?

- Trazer as respostas sintetizadas em palavras ou gravuras recortadas de revistas e jornais, para serem escritas ou coladas em um grande painel.

11 | SER ADOLESCENTE E JOVEM HOJE

*a*dolescência e a juventude são momentos de nossa vida em que caminhamos rumo à maturidade, vivendo um período de transformação e formação.

São, também, cada qual com suas características próprias, períodos em que aparecem os conflitos, as dúvidas, as ofertas fáceis, a busca da liberdade e da autonomia, as crises pessoais e existenciais que conduzem o adolescente e o jovem a buscar respostas e a planejar a vida.

1. Observe a ilustração e responda:

a. O que é ser adolescente e jovem no Terceiro Milênio?

b. Descreva as suas impressões em relação às realidades apresentadas.

2. Leia os textos e descubra o que lhe diria o velho Tobias se vivesse hoje e fosse lhe falar, em nome de Deus, como a seu próprio filho:

Com relação às pessoas:
_____
_____
_____

TOBIAS

4,1,11

4,13-16

4,12

4,18-19

Com relação a Deus:
_____
_____
_____

Com relação aos bens materiais:
_____
_____
_____

Sobre o casamento:
_____
_____
_____

A missão dos adolescentes e jovens é preparar-se para serem homens e mulheres do futuro, responsáveis em fazer com que o Projeto de Deus mantenha-se presente nas estruturas sociais, culturais e eclesiais para que, incorporados pelo Espírito de Cristo e por seu talento em conseguir soluções originais, contribuam para a conquista de um desenvolvimento cada vez mais humano e mais cristão. (cf. SD, n. 111)

JOVEM: cuidar do AMOR e da VIDA

'O Mesmo Rosto'

Dizem que o Sol deixou de brilhar,
Que as flores mais belas não perfumam mais.
Que os jovens teriam deixado de amar,
De crer na esperança de poder mudar.
Que as lutas e os sonhos, o vento espalhou,
Que envelheceram as forças do amor.
(CD *Mistério, Amor e Sentido*, Pe. Jorge Trevisol)

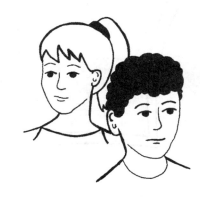

3. 'Se fosse assim, me digam vocês':

a. "De quem é o rosto que ainda sorri?"

b. "De quem é o grito que nos faz tremer?"

c. "Quem defende a vida e um modo de ser?"

d. "De quem são os passos marcados no chão?"

e. "E o lindo compasso de um só coração?"

- Diante da afirmação do Pe. Jorge Trevisol:

"Pois a juventude que sabe guardar, do amor e da vida não vai descuidar."

- Diga: De que maneira você pode cuidar do amor e da Vida?

CELEBRANDO NOSSO ENCONTRO

Catequista: São muitos e variados os desafios para o jovem de hoje. Há muito que fazer à nossa frente. Mas, tudo a seu tempo e deixando sempre que Deus aja em nós e através de nós.

Vamos rezar, cantando: *'**Senhor, fazei-me instrumento de vossa paz...**'*

(KOLLING, Ir. Míria T. et al. *Cantos e orações*: para a liturgia da missa, celebrações e encontros. Petrópolis: Vozes, 2004)

Lembrete

- Fazer uma entrevista na sua comunidade com pessoas que fazem bem suas tarefas profissionais e na família. Conversar com elas para saber como descobriram que fizeram a 'escolha certa' da profissão que exercem: mecânico(a), professor(a), religioso(a), político(a), eletricista, agricultor(a)...

EU LHES DAREI O MEU ESPÍRITO

VOCAÇÃO: SOU CHAMADO(A)!

Todas as pessoas sentem uma voz interior que as faz escolher e decidir por uma atividade, profissão ou estado de vida. Esse chamado ou vocação nos vem sempre através de situações concretas, que a Igreja chama de *'ouvir os sinais'*.

Vocação é um chamado que Deus faz a cada um, para desenvolver ao máximo seu potencial, não para proveito próprio somente, mas para construir o Reino de Deus.

Nenhuma pessoa é dona de seus talentos. Eles foram dados para servir, para realizar uma missão.

1. Para conversar e responder:
   a. Você já percebeu os dons que tem?
   _____
   _____
   _____
   _____

   b. Já descobriu como pode servir sua comunidade com estes dons?
   _____
   _____
   _____
   _____

   c. Já começou a *'ouvir os sinais'* da sua vocação, através da escolha de uma profissão e missão?
   _____
   _____
   _____
   _____

A Bíblia nos apresenta, logo no seu início, as três dimensões da vocação do ser humano, assim como o Povo de Deus as via.

Vamos conhecê-las?

TEXTOS	DIMENSÕES DA VOCAÇÃO

Texto 1: Gn 1,27
 	
"E Deus criou o Homem à sua imagem; à imagem de Deus ele os criou; e os criou homem e mulher."
	- **A primeira dimensão** é *'ser filho de Deus, feito à sua Imagem e semelhança'*. Isto quer dizer que:
	  - Temos que conhecer, respeitar e desenvolver nosso corpo e nosso espírito, e usá-los com equilíbrio, cuidando para conservá-los.
	  - Descobrir e explorar nossa criatividade, agindo sobre o mundo para melhorá-lo.
	  - Ser capaz de conhecer e controlar nossas emoções, instintos e sentimentos, buscando uma unidade, reconhecendo-se e sendo reconhecido como pessoa livre e responsável.

TEXTOS	DIMENSÕES DA VOCAÇÃO
Texto 2: Gn 1,29 *"E Deus disse: 'Vejam! Eu entrego a vocês todas as ervas que produzem sementes e estão sobre a terra, e todas as árvores em que há frutos que dão semente: tudo isso será alimento para vocês'."*	- **A segunda dimensão** da vocação é *'dominar o mundo pelo trabalho'.* - Deus confiou ao homem a tarefa de continuar a construção do mundo. Conhecendo-se como pessoa, o homem aplica suas habilidades e potencial criativo em uma profissão e com ela ganha *'o seu pão'.*
Texto 3: Gn 2,18 *"Javé Deus disse: 'Não é bom que o homem esteja sozinho. Vou fazer para ele uma auxiliar que lhe seja semelhante'."*	- **A terceira dimensão** da vocação do homem é *'conviver'.* - Essa dimensão nos leva ao *'serviço'* e a procurar vencer todas as barreiras que estão entre os homens, para viver em fraternidade. De tal importância é essa dimensão, que Deus mesmo se fez presença no mundo para nos mostrar como isso pode ser feito. Jesus veio mostrar-nos o caminho, estando Ele próprio a serviço, até a morte (Jo 15,13-15).

As dimensões da vocação humana contemplam as relações Eu – Outro – Deus. Por meio delas, somos chamados a realizar atitudes concretas, a partir das experiências que realizamos em nossa vida.

2. Vamos, então, completar o quadro seguinte, identificando como você vive as três dimensões de sua vocação como Filho de Deus:

1ª *Dimensão* • Filho de Deus	2ª *Dimensão* • Dominar o mundo pelo trabalho	3ª *Dimensão* • Conviver

EU LHES DAREI O MEU ESPÍRITO

3. Depois de refletir sobre as dimensões de sua vocação e a tríplice vocação humana de Jesus, assinale as suas conclusões:

    SOU CHAMADO A SER:
        ○ Filho
        ○ Colaborador
        ○ Irmão

    POR ISSO POSSO:
        ○ Construir o mundo
        ○ Conviver com os outros
        ○ Desenvolver-me como pessoa

    E VIVER NA:
        ○ Liberdade
        ○ Responsabilidade
        ○ Fraternidade

SOU CHAMADO

Deus chamou o jovem Jeremias e, hoje, chama você também, crismando!

4. E você, o que vai responder a Deus?

_____
_____
_____
_____
_____

EU LHES DAREI O MEU ESPÍRITO

CELEBRANDO NOSSO ENCONTRO

Catequista: Cada um é convidado a pegar sua ficha, entregue no momento da dinâmica, e na 4ª face/página escrever uma oração, pedindo a Deus que o(a) ajude no discernimento de sua vocação.

Leitor 1: O nosso compromisso é sinal de busca por discernimento. Para isso, é preciso prestar atenção aos sinais que revelam o chamado de Deus. Estes sinais se revelam quando:

Leitor 2: Deus me chama pelo nome. Ele me conhece e eu quero conhecê-lo também.

Leitor 3: Deus me concede dons e bênçãos e eu lhe sou grato por eles.

Leitor 4: Eu projeto meus sonhos, minhas utopias.

Leitor 5: É Deus quem produz em nós o discernimento para descobrirmos nossa vocação e missão.

Todos: Deus está chamando: "*Do alto dos telhados, no coração do mundo, gritemos o Evangelho*" (Dom Pedro Casaldáliga).

Catequista: Cada um de nós é consagrado por Deus para viver a sua vocação. Vamos cantar ou rezar refletindo:

Profeta da Paz

Eu te carrego nos braços, estou onde sempre estás.
Eu te chamei pelo nome, a seu tempo compreenderás.
Não temas nessa caminhada, eu te acompanho aonde vais.
Conduz os jovens na estrada, conquista com eles a paz.

Eu te chamei, te consagrei, anuncia a minha palavra.
Eu te escolhi, te acompanhei, dá tua vida ao meu povo.
Eu te falei, te ensinei, caminha com a juventude.
Eu te mostrei, te confiei, acolhe os pequeninos.

Leva esperança ao mundo, canta que é tempo de amar.
Fala na voz das crianças, a Luz há de sempre brilhar.
Tu és o pastor dessa gente, vai meu profeta da paz.
Semeia na fé a semente, a seu tempo compreenderás.

(CD '*Para os meus amigos*', Pe. Gildásio Mendes, Vozes, 1995, faixa 13)

Lembrete

- Conversar com seus amigos da escola e familiares, procurando informações sobre jovens que são sinais do Reino de Deus, pois praticam ações que contribuem para a construção de um mundo melhor.

SOMOS IGREJA VIVA:
FERMENTO DO REINO DE DEUS NO MUNDO

Quando Jesus quer falar sobre o Reino de Deus, Ele recorre a comparações. Nunca explica o que é, pois falar do Reino de Deus ou do Céu é falar sobre o próprio Deus, sobre a sua presença e ação, que nunca podem ser totalmente apreendidas e compreendidas por nós, mas podem ser experimentadas de alguma forma.

O Reino de Deus acontece quando nos convertemos. É a transformação provocada pelo amor que uns têm pelos outros, mais do que por si mesmo e que exige doação, esquecimento de si, modificação das nossas atitudes em relação aos outros.

1. Vamos ler Mt 18,10-14.
   - Depois de ler o texto bíblico e participar da dinâmica de encenação com seu catequista e colegas, você identificou os desafios que os adolescentes e jovens enfrentam nos dias de hoje.

2. Diante dessas situações, pense e responda o que você tem feito para:
   - Transformar-se e transformar o mundo?

_____
_____
_____

"O Reino de Deus é como o fermento que uma mulher pegou e misturou com três medidas de farinha, até que tudo ficasse fermentado" (Lc 13, 20-21).

A Igreja de Jesus Cristo deve ser sinal do Reino de Deus. Nós somos o '*FERMENTO*' desse Reino, quando nos deixamos converter e assumimos o Projeto de Jesus como nosso. Transformando-nos, vamos transformando o mundo.

A comunidade – Igreja, consciente da sua missão de transformar o mundo, foi se organizando desde os primeiros tempos de sua história, de acordo com as necessidades de cada época e cada povo, retomando sempre o Evangelho de Jesus e a vida dos primeiros cristãos.

EU LHES DAREI O MEU ESPÍRITO

Apesar das dificuldades, o cristão poderá contar sempre com a força do Espírito Santo para ser '*apóstolo*' de Jesus Cristo, através da palavra e da vida, pela graça que o Sacramento da Crisma lhe confere.

3. Que tal, em duplas, construírem uma receita ideal para quem quer ser '*Igreja Viva*' – '*fermento*' do Reino de Deus no mundo? Vamos lá!

SOU MEMBRO DA IGREJA

Nossa comunidade é '*Igreja Viva*' – '*fermento*' do Reino de Deus no mundo. Eu, como membro desta Igreja, gostaria de participar de suas atividades pastorais e comunitárias. Além de meu compromisso com a catequese crismal, acredito ser possível colaborar com:

_____

_____

CELEBRANDO NOSSO ENCONTRO

Catequista: Vamos cantar, colocando nossas vidas nas mãos de Deus.

"Muitos grãos de trigo"

Muitos grãos de trigo se tornaram pão.
Hoje são teu corpo, ceia e comunhão.
Muitos grãos de trigo se tornaram pão.
Toma, Senhor, nossa vida em ação,

Para mudá-la em fruto e missão.
Toma, Senhor, nossa vida em ação,
Para mudá-la em missão.

(KOLLING, Ir. Míria T. et al. *Cantos e orações*: para a liturgia da missa, celebrações e encontros. Petrópolis: Vozes, 2004)

Catequista: Rezemos a oração do Papa João Paulo II '*pelos jovens de todo o mundo*':

"Deus, nosso Pai,
Nós te confiamos os jovens e as jovens do mundo, com seus problemas, aspirações e esperanças.
Fixa sobre eles o teu olhar de amor
E torna-os operadores da paz
E construtores da civilização do amor.
Chama-os a seguirem Jesus, teu Filho.
Faze-lhes compreenderem que vale a pena dar inteiramente a vida por ti e pela humanidade.
Concede-lhes generosidade e prontidão na resposta.
Acolhe, Senhor, o nosso louvor e a nossa oração,
Também pelas jovens que, a exemplo de Maria, Mãe da Igreja, acreditaram na tua palavra,
E se estão preparando para as Ordens Sagradas,
Para a profissão dos conselhos evangélicos,
Para o serviço missionário.
Ajuda-os a compreenderem
Que o chamamento que lhes fizeste,
É sempre atual e urgente. Amém!"

Lembrete

- Trazer um objeto significativo, algo que lembre um acontecimento do passado e cuja recordação os ajuda a viver melhor.

JESUS CRISTO:
ONTEM, HOJE E SEMPRE – OS SACRAMENTOS

*L*ITURGIA é a comunicação do homem com Deus, através de Jesus Cristo e da Igreja. A Liturgia se realiza através de palavras, gestos, objetos, que são usados em ritos e cerimônias como símbolos ou sinais significativos.

A palavra Liturgia, na língua grega, significa: *'serviço ao povo'*, à comunidade, e assumiu um significado religioso – *'Serviço Divino'*.

A Liturgia celebra o Mistério Pascal de Cristo na nossa vida, através dos Sacramentos.

SACRAMENTOS são celebrações da presença e da ação de Deus nas diversas circunstâncias de nossa vida: nascimento, adolescência, juventude e idade adulta, casamento, refeição e fraternidade, perdão e reconciliação, sofrimento e doença, serviço à comunidade.

1. O Catecismo da Igreja Católica – CIC – trata dos Sacramentos agrupando-os em:

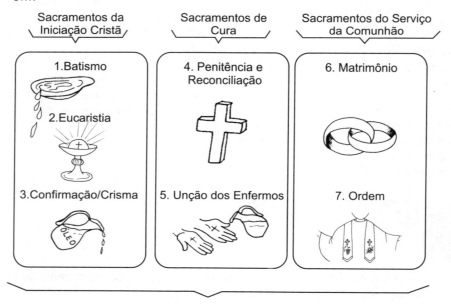

Que celebram

( ) Nascimento – Entrada na Igreja.
( ) Vida adulta – Compromisso – Engajamento.
( ) Refeição – União com Jesus e com os irmãos.
( ) Perdão dos pecados.
( ) Doenças – União com a Paixão e Morte de Jesus Cristo.
( ) Serviço à Comunidade.
( ) Ministério da família, a Igreja Doméstica.

Chamamos de *'graça'* a vida de Deus, a energia transformadora dos Sacramentos em nós, porque nos é dada gratuitamente, de presente, por amor de Deus, através de Jesus. E são graças diferentes para cada Sacramento, como são diferentes as nossas necessidades, conforme a situação e o momento que estamos vivendo.

2. Vamos entender isso melhor, realizando um trabalho em grupos. Para isso, siga o roteiro seguinte, de acordo com o quadro *'Painel dos Sacramentos'* e orientações *de seu catequista*:

SACRAMENTOS	TEXTOS BÍBLICOS	PALAVRAS DA CELEBRAÇÃO	SINAL - EXPRESSÃO
Batismo	Mt 28,18-20	*"Eu te batizo, em nome do Pai e do Filho e do Espírito Santo".*	Água e uma toalha branca.
Crisma	At 1,8	*"Recebe, por este sinal, o Espírito Santo, o Dom de Deus".*	Vidrinho com óleo.
Eucaristia	1Cor 11,23-26 Jo 6,55-56	*"Isto é o meu Corpo... Este é o meu Sangue, o sangue da Nova Aliança, derramado, por muitos, para a remissão dos pecados. Eis o mistério da fé".*	Pedacinho de pão.
Penitência	Jo 20,21-23 Mc 2,5-11 Tg 5,16	*"Eu te absolvo de todos os teus pecados, em nome do Pai e do Filho e do Espírito Santo".*	Uma cruz.
Unção dos Enfermos	Mc 6,12-13 Tg 5,14-15	*"Por esta santa unção e por sua puríssima misericórdia, o Senhor venha em teu auxílio com a graça do Espírito Santo, para que, liberto dos teus pecados, ele te salve e, na sua bondade, alivie teus sofrimentos".*	Uma vela e um vidrinho com óleo.
Ordem	Mc 3,13-15 1Cor 11,25 Sl 110,4	*"Nosso Senhor Jesus Cristo, a quem o Pai ungiu com o Espírito Santo e revestiu de poder, te guarde para a santificação do povo fiel e para oferecer a Deus o santo Sacrifício. E tu és agora sacerdote eternamente, segundo a ordem de Melquisedec, como Jesus Cristo o foi, e quem tu representas por toda a eternidade".*	Uma estola, uma Bíblia e um vidrinho de óleo.
Matrimônio	Mt 19,4-6 1Cor 7,3-5 Ef 5,25-33 Ef 6,4	*"Eu... te recebo por mulher (marido) e te prometo ser fiel na alegria e na tristeza, na saúde e na doença, amando-te e respeitando-te todos os dias de minha vida".*	Duas alianças.

a. Ler os textos bíblicos e responder:
   • O que eles ensinam sobre este Sacramento?

_____

_____

_____

_____

b. Contemplar o *'sinal-expressão'*, em silêncio, por uns instantes e responder:
   • *Qual o significado do 'objeto – sinal' deste Sacramento?*

_____

_____

_____

   • Para que realidade ele aponta?

_____

_____

_____

c. Ler as palavras e explicar o compromisso de vida que elas lhe sugerem.

d. Fazer uma pequena oração a partir do que o grupo refletir e escolher um gesto simbólico relacionado ao Sacramento.

Viver e Celebrar

- Pense, durante a semana, em como você está vivendo os Sacramentos que já recebeu: o Batismo, a Eucaristia, a Confissão?

CELEBRANDO NOSSO ENCONTRO

Catequista: Vamos fazer o plenário dos trabalhos de grupo e, depois de cada apresentação, cantar um refrão conhecido por todos.

Depois das apresentações de todos os grupos, vamos refletir e dialogar:

- O que descobrimos de novo com este estudo dos Sacramentos:

a. A respeito de Jesus Cristo?
b. Sobre a Igreja?
c. Sobre a importância de cada Sacramento em nossa vida?

- Agora, com o resultado das descobertas, reflexões e estudos feitos, cada grupo elabora um cartaz sobre o tema do Sacramento estudado. O cartaz deve expressar:

– A realidade – vida das pessoas que cada Sacramento celebra.

– Gestos e palavras: a ação libertadora de Jesus Cristo que a Igreja celebra, sendo ela mesma sinal da presença de Jesus no mundo.

– Quem preside, quem participa.

– Ilustração.

- Que tal expor todos os cartazes no centro da sala, colocando ao lado de cada um o símbolo e a faixa das palavras do Sacramento e contemplar? Depois, cada grupo lê a oração que fez, acompanhada de um gesto significativo, combinado antecipadamente.

Catequista: De mãos dadas, vamos rezar o Pai-nosso.

- Organizar a exposição dos cartazes sobre os Sacramentos.
- Com os cartazes, estaremos ajudando a comunidade a retomar e relembrar a vivência dos Sacramentos e o consequente compromisso com Jesus Cristo e o Plano do Pai, com a lembrança da força renovadora do Espírito Santo em cada pessoa.

15 CRISMA:
"EU, POR VONTADE DE DEUS, APÓSTOLO DE CRISTO!" (Cl 1,1)

A CRISMA é bênção, é escolha, é consagração, é o envio do cristão '*marcado*' pelo Espírito Santo: "*Quem nos confirma a nós e a vós em Cristo, e nos consagrou, é Deus. Ele nos marcou com o seu selo e deu aos nossos corações o penhor do Espírito*". (2Cor 1, 21-22)

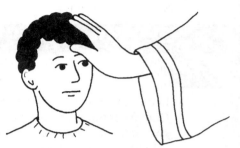

Os sinais da bênção de Deus para os crismandos são:

A imposição das mãos sobre a cabeça: '*sinal visível'* da escolha de Deus, onde o Espírito Santo é comunicado (cf. At 8,17; 19,6). Este gesto nos consagra para a vida e para o testemunho de Jesus Cristo, assumindo uma responsabilidade dentro da Igreja.

A unção com o Óleo do Crisma na testa: traçando o sinal da cruz, o Bispo pronuncia o nome do crismando, coloca a mão direita sobre sua cabeça e faz, com o polegar umedecido no Santo Óleo do Crisma, o sinal da cruz na sua testa. Este óleo é consagrado pelo Bispo na Quinta-feira Santa. É um óleo misturado com um pouco de bálsamo perfumado, cheiro bom que o cristão deve exalar e espalhar ao seu redor. Por meio desta unção nos tornamos '*raça escolhida*', nação santa, povo real, pois o Espírito Santo faz morada em nosso coração (cf. 1Pd 2,9; 1Cor 3,16-17; 1Cor 6,19-20).

O Rito:
- Enquanto o Bispo assinala a testa do crismando pronuncia as palavras: "N..., recebe, por este sinal, o Espírito Santo, o Dom de Deus."
- O Crismando responde: "Amém."
- A seguir, o Bispo lhe diz: "A paz esteja contigo!"
- E o Crismando responde: "E contigo também!"

A Missão: o Sacramento da Crisma, ou Confirmação do Batismo, dá ao cristão, além da santificação pessoal, a missão e capacidade de:
- Viver sinceramente como Jesus;
- Proclamar e testemunhar sua fé;
- Pôr-se a serviço de Deus neste mundo.

Está na hora. Vamos! Você está pronto?

1. Leia o Poema – *"Mensagem de Santo Ambrósio"* – que hoje é dirigido a você e responda a pergunta que segue:

   *"Chegamos à fonte.
   Entraste.
   Foste ungido.
   Considera a quem viste,
   Pensa no que disseste e
   Recorda com exatidão o que aconteceu.
   Um levita te acolheu;
   Acolheu-te um presbítero.
   Foste ungido como atleta de Cristo.
   Apresentando-te para a luta deste século,
   Te empenhaste de público
   Nos exercícios do combate.
   Aquele que luta tem o que esperar.
   Onde há combate, há coroa.
   Lutas no mundo, mas és coroado por Cristo.
   E é pelos combates neste mundo
   Que és coroado.
   Embora a recompensa se dê no céu,
   É aqui, no entanto, que se estabelece,
   Se mereces ou não o prêmio."*
   (Santo Ambrósio)

   A exemplo de Jesus Cristo, que fez sentir a presença de Deus no meio dos homens, o cristão deve fazer sentir a presença de Jesus Cristo no mundo, exalando o seu perfume.

   a) Como o crismado pode viver como verdadeiro ungido de Deus?
   _____
   _____
   _____

 CELEBRANDO NOSSO ENCONTRO

Catequista: O Espírito Santo, o Dom de Deus, é comunicado aos cristãos e se manifesta de múltiplas formas, carismas, vocações, serviços..., conforme a necessidade da Igreja e a utilidade de todos. *"Mas é o único e mesmo Espírito que realiza tudo isso, distribuindo seus dons a cada um, conforme ele quer"* (1Cor 12, 11). Quando nos referimos aos *'Sete Dons'*, simbolicamente, queremos significar: *'PLENITUDE DO ESPÍRITO'*.

Vamos conferir em: Is 11,1; 1Cor 12,4-11.

Vamos cantar invocando os dons do Espírito Santo. Grife, no canto, o nome e o significado de cada dom:

1. Senhor, vem dar-nos SABEDORIA que faz ter tudo como Deus quis. E assim faremos da Eucaristia o grande meio de ser feliz.

Refrão: *Dá-nos, Senhor, esses, dons, essa luz, e nós veremos que Pão é Jesus.*

2. Dá-nos, Senhor, ENTENDIMENTO, que tudo ajuda a compreender. Para nós vermos como é alimento o Pão e o Vinho que Deus quer ser.

3. Senhor, vem dar-nos divina CIÊNCIA, que, como o Eterno, faz ver sem véus: - "Tu vês por fora, Deus vê a essência, pensas que é pão, mas é nosso Deus".

4. Dá-nos, Senhor, o teu CONSELHO, que nos faz sábios para guiar. Homem, mulher, jovem e velho nós guiaremos ao santo altar.

5. Dá-nos, Senhor, a FORTALEZA, a santa força do coração. Só quem vencer vai sentar-se à Mesa: para quem luta, Deus quer ser pão.

6. Dá-nos, Senhor, filial PIEDADE, a doce forma de amar. Enfim, para que amemos quem, na verdade, aqui amou-nos até o fim.

7. Dá-nos, enfim, TEMOR sublime de não amá-los como convém: − O Cristo − Hóstia, que nos redime −, o Pai celeste, que nos quer bem.

(KOLLING, Ir. Míria T. et al. *Cantos e orações*: para a liturgia da missa, celebrações e encontros. Petrópolis: Vozes, 2004)

Vamos rezar:

Espírito de Deus (Sequência):

1.
Espírito de Deus,
Enviai dos céus
Um raio de luz! (bis)
Vinde, Pai dos pobres,
Daí aos corações
Vossos sete dons (bis)

2.
Consolo que acalma,
Hóspede da alma,
Doce alívio, Vinde! (bis)
No labor descanso,
Na aflição remanso,
No calor aragem. (bis)

3.
Enchei, luz bendita,
Chama que crepita,
O íntimo de nós (bis)
Sem a luz que acode,
Nada o homem pode,
Nenhum bem há nele. (bis)

4.
Ao sujo lavai,
Ao seco regai,
Curai o doente. (bis)
Dobrai o que é duro,
Guiai no escuro,
O frio aquecei. (bis)

5.
Daí à vossa Igreja,
Que espera e deseja,
Vossos sete dons. (bis)
Daí em prêmio ao forte
Uma santa morte,
Alegria eterna. (bis)
Amém! Amém!

(KOLLING, Ir. Míria T. et al. *Cantos e orações*: para a liturgia da missa, celebrações e encontros. Petrópolis: Vozes, 2004)

2. O Retiro Crismal contribuiu para fazer você:
   a) Pensar:
      - Texto da Bíblia que o ajudou mais.

      _____
      _____
      _____
      _____
      _____
      _____

   b) Rezar:
      - Copiar ou escrever sua oração pessoal.

      _____
      _____
      _____
      _____
      _____

   c) Assumir alguns propósitos:
      - Anotar aqui para reler depois:

      _____
      _____
      _____
      _____
      _____
      _____

> *"Vinde, Espírito Santo,*
> *enchei os corações dos*
> *vossos fiéis e acendei neles*
> *o fogo do vosso amor".*

EU LHES DAREI O MEU ESPÍRITO

EU CONFIRMO MEU BATISMO

Minha CRISMA:

Dia: _____ às _____

Presidia: _____

Igreja: _____

Padrinho (Madrinha): _____

Comunidade (Cidade): _____

ANEXOS

FICHA E CELEBRAÇÃO DO ESTÁGIO CRISMAL
"EIS QUE EU VOS ENVIO..."

1. Ficha do Estágio Crismal

Comunidade Paroquial: _____ Data: _____

> *Você, crismando, quer responder ao chamado de Jesus, recebendo o Sacramento da Crisma, o Sacramento da maturidade cristã?*

    Você está se preparando há alguns meses, participando das reuniões semanais, das celebrações da Comunidade e de outras atividades comunitárias de sua Igreja.

    Nesta nova etapa, você vai assumir uma participação mais ativa e mais direta nas atividades pastorais de nossa Igreja, através do '*ESTÁGIO CRISMAL*', que será realizado em pequenas equipes, organizadas de acordo com uma das opções feitas por você. Durante este Estágio, você vai procurar dar tudo de si mesmo para se dedicar a Deus, à sua Igreja, a seus irmãos. Vai experimentar, assim, se é capaz de viver como '*adulto na fé*' na comunidade, colocando seus dons a serviço.

1. Anote aqui os nomes dos participantes de sua equipe e, se necessário, seus telefones ou endereços. Conversem sobre seus interesses e esperanças, animando-se uns aos outros:

Eu lhes darei o meu espírito

2. Sua equipe deve se encontrar logo com a(s) pessoa(s) que vai (vão) orientar o Estágio, isto é, alguém responsável pela atividade pastoral na qual vão colaborar. Combinem como e quando.

3. Esta folha é o RELATÓRIO de seu Estágio Pastoral. Vá preenchendo-a, à medida que for realizando as atividades, especificando as tarefas. Ao final, o relatório deverá receber uma apreciação do responsável pela pastoral e sua própria avaliação. Que Deus seja sua força e alegria, e Maria, a sua mestra!

- Nome completo do crismando: _____
- Serviço pastoral do estágio: _____

Data	Atividades realizadas	Com quem trabalhou?

Apreciação do responsável da atividade estagiada:	
Data ___/____/____	Assinatura _____

MINHA AVALIAÇÃO PESSOAL:	

2. Celebração do término e avaliação do estágio Crismal

- **Catequista:** Vamos iniciar, conversando sobre o tempo e as experiências do Estágio Crismal:
  - O que foi bom? O que vocês aprenderam?
  - Que fatos e experiências vocês querem contar?
  - Quem quer ler a avaliação do coordenador e a sua avaliação pessoal sobre o estágio?

- **Catequista:** Os discípulos de Jesus viveram uma experiência semelhante à de vocês. Vamos ler e celebrar como aconteceu?
- Aclamar a Palavra com o canto (pode-se escolher outro):
  Alegrai-vos, alegrai-vos!
  É Jesus que vem chegando: a Palavra, Boa-Nova, entre nós vai se espalhando!
  (KOLLING, Ir. Míria T. et al. *Cantos e orações*: para a liturgia da missa, celebrações e encontros. Petrópolis: Vozes, 2004)
- **Leitor 1:** Os anunciadores do Reino - Lc 10,1-9.
  Cantar o refrão: '*E pelo mundo eu vou, cantando o teu amor...*'. [Silêncio breve].
  (KOLLING, Ir. Míria T. et al. *Cantos e orações*: para a liturgia da missa, celebrações e encontros. Petrópolis: Vozes, 2004)
- **Leitor 2:** A alegria do discípulo - Lc 10,17-20.
  Cantar o refrão: '*Anunciaremos teu Reino, Senhor...*'. [Silêncio breve].
  (KOLLING, Ir. Míria T. et al. *Cantos e orações*: para a liturgia da missa, celebrações e encontros. Petrópolis: Vozes, 2004, 452)
- **Leitor 3:** Os pobres e pequenos evangelizam - Lc 10,21-24.
  Cantar o refrão: '*Senhor, tu me olhaste nos olhos...*'. [Pausa. Distribuição de uma folha em branco e lápis para todos].
  (KOLLING, Ir. Míria T. et al. *Cantos e orações*: para a liturgia da missa, celebrações e encontros. Petrópolis: Vozes, 2004, 578)

Catequista: Jesus acolheu, valorizou e se alegrou com os trabalhos missionários daqueles discípulos. Agora, ele acolhe e se alegra com o estágio de vocês, 'olhando' cada um nos olhos e no coração.

Vamos então, como os discípulos, cantar e oferecer a Jesus as coisas boas que experimentamos no Estágio Crismal, escrevendo no papel, que pode ser assinado ou não.

Temos sobre a mesa alguns símbolos:

- A vela acesa – sinal da presença de Jesus no nosso meio.
- A Palavra de Deus – alimento na nossa caminhada.
- Uma jarra vazia, 'disponível' – como deve ser um discípulo de Jesus.
- Flores variadas – sinal de nossa alegria e de nosso esforço em colocar nossos dons a serviço da comunidade.

Vamos ofertar a Deus, em nome de Jesus e pela graça do Espírito Santo, as alegrias e serviços prestados durante o Estágio Crismal. Cada um faz um rolinho com a folha escrita, colocando nele a haste de uma flor. Assim, vamos formar uma jarra bem bonita sobre o altar.

Canto de oferendas: '*De mãos estendidas, ofertamos o que de graça recebemos...*' (KOLLING, Ir. Míria T. et al. *Cantos e orações*: para a liturgia da missa, celebrações e encontros. Petrópolis: Vozes, 2004, 703), ou outro refrão que todos conheçam.

Vamos terminar nossa celebração, expressando a amizade que existe entre nós, rezando o Pai-nosso, de mãos dadas.

"QUEM DIZEM VOCÊS QUE EU SOU?"
(Lc 9,20)

Jesus falou e fez o bem. Ele transformou a realidade, sempre em favor de mais vida. Os Evangelhos nos apresentam os retratos de Jesus.

1. Em grupos, consultem a Bíblia e escrevam em cada citação identificando quem deu as respostas à pergunta - *"Quem dizem vocês que eu sou?"*:

"Sabemos que ele é verdadeiramente o Salvador do mundo" (Jo 4, 42).

"Rabboni!" (Jo 20, 16).

"Jesus, Filho de Davi..." (Mc 10, 47).

"Tu és o Cristo, o Filho de Deus vivo!" (Mt 16, 16).

"Rabi, tu és o Filho de Deus, tu és o Rei de Israel!" (Jo 1, 49).

"Verdadeiramente este homem era o filho de Deus!" (Mc 15, 39).

"Este é o meu Filho amado. Ouvi-o..." (Mc 9, 7).

"Nós encontramos o Salvador..." (Jo 1, 41).

"Sabemos que viestes de Deus!" (Jo 3, 2).

Jesus disse: *"EU SOU..."*

- *"Eu sou a luz do mundo. Quem me segue não andará nas trevas..."* (Jo 8,12).
- *"Eu sou a porta. Se alguém entrar por mim será salvo..."* (Jo 10,9).
- *"Eu sou o bom pastor que dá a vida por suas ovelhas..."* (Jo 10,11).
- *"Eu sou o Filho de Deus. Se eu digo isso, por que me acusam de blasfêmia?"* (Jo 10, 36).
- *"Eu sou um com o Pai..."* (Jo 10, 30).
- *"Eu sou o pão da vida. Quem vem a mim nunca mais terá fome..."* (Jo 6,35).
- *"Eu sou o pão vivo descido do céu. Quem comer deste pão viverá eternamente..."* (Jo 6, 51).
- *"Eu sou o Messias que estou falando com você..."* (Jo 4,26).
- *"Eu sou a videira e vocês, os ramos..."* (Jo 15,5).
- *"Eu sou o caminho, a verdade e a vida..."* (Jo 14,6).
- *"Eu sou Jesus de Nazaré, que vocês estão procurando..."* (Jo 18,4-5).
- *"Eu sou rei. Para isso nasci e vim a esse mundo..."* (Jo 18,37).
- *"Eu sou o Mestre e Senhor..."* (Jo 13,13-14).
- *"Eu sou a ressurreição e a vida. Quem crê em mim, mesmo que morra, viverá."* (Jo 11,25).

EU LHES DAREI O MEU ESPÍRITO

- Hoje também Jesus pergunta:

a. E para você, jovem crismando, quem sou eu?
___
___
___
___

Este tema nos chama para o compromisso do respeito diante de todas as pessoas que encontramos. São *'rostos'* de Jesus, desfigurados ou não, e precisam ser amados, acolhidos, respeitados em sua dignidade.

É conforme o acolhimento que fazemos de Jesus, nessas pessoas, que seremos acolhidos no Reino de Deus. Jesus mesmo se identifica com 'estes rostos' para nos ensinar como encontrá-lo nos irmãos.
- Ler Mt 25,35-40 e praticar.

 CELEBRANDO NOSSO ENCONTRO

A síntese da Verdade sobre Jesus Cristo se encontra nas palavras do *'CREDO'* composto nos Concílios de Niceia e Constantinopla. Essa oração ajudou e esclareceu os cristãos em um tempo de heresias, que negavam as verdades ensinadas por Jesus e sua Igreja. Hoje, ainda o recitamos em algumas Missas.

2. Leia o Credo – *'Símbolo Niceno-Constantinopolitano'*. Depois, partilhe com seus colegas e rezem juntos.

Creio em um só Deus, Pai todo-poderoso, criador do céu e da terra, de todas as coisas visíveis e invisíveis.

Creio em um só Senhor, Jesus Cristo, Filho Unigênito de Deus, nascido do Pai antes de todos os séculos: Deus de Deus, Luz da Luz, Deus verdadeiro de Deus verdadeiro; gerado, não criado, consubstancial ao Pai. Por Ele todas as coisas foram feitas. E por nós, homens, e para nossa salvação, desceu dos céus e se encarnou pelo Espírito Santo, no seio da Virgem Maria, e se fez homem. Também por nós foi crucificado sob Pôncio Pilatos; padeceu e foi sepultado. Ressuscitou ao terceiro dia, conforme as Escrituras, e subiu aos céus, onde está sentado à direita do Pai. E de novo há de vir, em sua glória, para julgar os vivos e os mortos; e o seu reino não terá fim.

Creio no Espírito Santo, Senhor que dá a vida, e procede do Pai e do Filho; e com o Pai e o Filho é adorado e glorificado; Ele que falou pelos profetas.

Creio na Igreja, una, santa, católica e apostólica.

Professo um só Batismo para a remissão dos pecados.

E espero a ressurreição dos mortos e a vida do mundo que há de vir. Amém.

- Vamos recordar o que lemos em Mt 25,35-40, depois cantar e refletir:

Mestre, onde moras?

No meu coração sinto o chamado,
Fico inquieto: preciso responder.
Então pergunto: "Mestre, onde moras?"
E me respondes que é preciso caminhar,
Seguindo teus passos, fazendo a história,
Construindo o novo no meio do povo. (bis)

Mestre, onde moras?
Mestre, onde estás?
Vem! No meio do povo.
Vem e verás!

Te vejo em cada rosto das pessoas.
Tua imagem me anima e faz viver.
No coração amigo que se doa,
No sonho de o teu Reino acontecer.
Teu Reino é justiça, é paz, é missão, é boa-nova da libertação

(KOLLING, Ir. Míria T. et al. *Cantos e orações*: para a liturgia da missa, celebrações e encontros. Petrópolis: Vozes, 2004)

JESUS DÁ PLENO CUMPRIMENTO AO PROJETO DE JAVÉ

"Não pensem que vim revogar a Lei e os Profetas. Não vim revogá-los, mas dar-lhes pleno cumprimento" (Mt 5,17).

Jesus, através de sua vida e palavras, anunciou que havia chegado esse tempo de salvação: a hora do Messias. Só que ele ultrapassou as expectativas de todos. No seu tempo havia muita distorção na religião: líderes políticos e sacerdotes, os ricos e os poderosos da época, esqueciam completamente o seu compromisso de Povo de Deus, ou, então, interpretavam a seu modo as Escrituras, para que servissem aos seus interesses; adotavam o antigo projeto do Faraó, chamando-o de Lei de Deus; agiam impelidos pelo espírito do mal, das trevas, da ambição, da mentira. Jesus, porém, restaurou a fidelidade ao Projeto de Javé e provocou uma revolução com seu jeito de agir e falar.

1. Leia o texto em dois grupos, recordando a contradição entre a ação de Jesus e a dos líderes judeus:

   Jesus assume o projeto de Javé:

   A — Quando o povo de Deus se esqueceu que a Javé pertencia,
   B — Jesus veio de Deus e se fez nosso irmão.
   A — Nasceu de uma virgem, a jovem Maria.
   B — Na entrega da sua vida pagou o preço da nossa:
   TODOS: *"A Deus, deu o que é de Deus"*; por tudo, deu a vida, a nós nos deu a libertação.
   A — Como recolocar a humanidade no caminho da vida?
   B — Jesus, com sua palavra e vida, nos ensina:
   TODOS: E surpreende também:
   A — Quando se chamava *'bênção de Deus'* à riqueza,
   B — Ele viveu na pobreza.
   A — Lá, onde os poderosos impunham pesada escravidão e se faziam servir pelos pequenos,
   TODOS: Ele serviu a todos.
   A — Ali, onde Deus era chamado o Senhor, o Altíssimo,
   B — Jesus ensinou chamar a Deus de Pai, Aba! *'Papaizinho!'*
   A — No glorioso Templo de Jerusalém era preciso a Deus prestar o culto, adorar e o tributo levar.

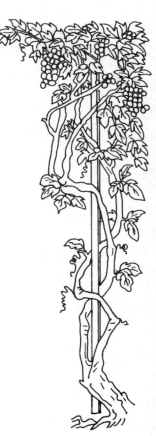

B – E Jesus? Ele ensinou que a Deus se adora sempre, a vida toda, em todo lugar!
A – Se em Jerusalém tudo era comprado,
B – Jesus dizia que *'bênção'* é dar *'de graça'*. E que por nada você deve esperar a paga ou querer ser recompensado!
A – A Lei – *'olho por olho, dente por dente'* – justificava a desforra, a vingança.
B – E Jesus, o manso, ensina: vence o que perdoa o irmão; dando o perdão, perdão de Deus se alcança!
A – Enfim, no mundo da ambição:
B – Vence o desinteresse, a gratuidade.
A – Onde há discriminação e morte sem medida,
TODOS: Jesus vive e ensina o amor a todos. E pela vida, dar a própria vida!

> *"Amarás o Senhor teu Deus...*
> *Amarás o teu próximo como a ti mesmo"* **(Mt 22,36-39).**

Jesus nos ensina a viver o Projeto do Pai

2. Agora, em grupos, ler e anotar as conclusões a que chegaram na reflexão:

   a. Mt 5,1-12 – O Sermão da Montanha:

   b. Mt 6,9-13 – A Oração do Pai-nosso:

c. Lc 1,46-55 – O cântico de Maria, a mulher que acolheu Jesus e seu projeto:

REFLETIR E DECIDIR

- Após cada crismando apresentar as suas conclusões, refletir e discernir o que cada um é capaz de assumir para viver, a exemplo de Jesus, o Projeto do Pai.

 CELEBRANDO NOSSO ENCONTRO

Catequista: Cada um é convidado a fazer, espontaneamente, um pedido de perdão pelas infidelidades ao Projeto do Pai: lembrar situações do grupo, da comunidade, das famílias, da Igreja, da sociedade, do mundo.

Após cada pedido de perdão, vamos rezar ou cantar um refrão penitencial:

> 'Senhor, tende piedade de nós!';
> 'Piedade, piedade de nós!'

(KOLLING, Ir. Míria T. et al. *Cantos e orações*: para a liturgia da missa, celebrações e encontros. Petrópolis: Vozes, 2004)

Catequista: '*Que o Deus todo-poderoso tenha compaixão de nós, e nos acolha na graça de seu perdão.*'

Todos: Amém.

Para finalizar, vamos rezar juntos a oração do Pai-nosso.

A CRISMA NA IGREJA NASCENTE

A Crisma na Igreja Nascente ou Primitiva (a Igreja das primeiras comunidades cristãs, fundadas pelos apóstolos missionários) era administrada pelo Bispo a adultos, juntamente com o Batismo e a Eucaristia, em uma única celebração chamada 'INICIAÇÃO CRISTÃ'. Após um longo 'CATECUMENATO', os candidatos eram orientados e exortados a uma 'CONVERSÃO' verdadeira aos valores evangélicos, comprovada na vida. Depois de reflexões, exames, ritos, orações e jejuns, eram admitidos na Igreja, isto é, na 'Assembleia dos que acreditavam e seguiam a Jesus Cristo'.

Você já foi batizado, recebe o perdão dos pecados e comunga o Corpo e Sangue de Cristo.

1. Você se sente verdadeiramente 'CONVERTIDO': quer viver o Evangelho de Jesus e dar testemunho dele perante a comunidade cristã e civil?
   - Minha resposta:

2. O 'Catecumenato':
   - Anote o que você aprendeu sobre isto no espaço a seguir.

3. A Crisma no ontem e no hoje da Igreja:
   - Crisma tem sentido?

     • No tempo das primeiras comunidades:

EU LHES DAREI O MEU ESPÍRITO

• Hoje:

_____

_____

_____

_____

• E, para nós:

_____

_____

_____

_____

4. Leia algumas instruções da *DIDAQUÉ*, que foi o primeiro Catecismo dos Cristãos, e marque no texto o que você acha que pode ajudar os cristãos hoje.

DIDAQUÉ: INSTRUÇÃO DOS DOZE APÓSTOLOS
- Instrução do Senhor para as nações por meio dos doze apóstolos.

A. OS DOIS CAMINHOS:

I – Existem dois caminhos: um é o caminho da vida, e o outro, o da morte. A diferença entre os dois é grande.

Viver é amar

O caminho da vida é este: em primeiro lugar, ame a Deus, que criou você. Em segundo lugar, ame a seu próximo como a si mesmo. Não faça a outro nada daquilo que você não quer que façam a você.

Não se deixe levar pelos impulsos instintivos. (Didaqué, I, 1-2-4)

Exigências do amor ao próximo

II – O segundo mandamento da instrução é este: Não mate, não cometa adultério, não corrompa os jovens, não fornique, não roube, não pratique magia, nem feitiçaria. Não mate a criança no seio de sua mãe, nem depois que ela tenha nascido. Não cobice os bens do próximo, não jure falso, nem preste falso testemunho. Não seja maledicente, nem vingativo. Não seja duplo no pensar e no fa-

lar, porque a duplicidade é armadilha mortal. Que a sua palavra não seja falsa ou vazia, mas se comprove na prática. Não seja avarento, nem ladrão, nem fingido, nem malicioso, nem soberbo. Não planeje o mal contra o seu próximo. Não odeie a ninguém, mas corrija uns, reze por outros, e ainda ame aos outros, mais do que a si mesmo. (Didaqué, II, 1-7)

O caminho da morte

V – O caminho da morte é esse: em primeiro lugar, é mau e cheio de maldições: homicídios, adultérios, paixões, fornicações, roubos, idolatrias, práticas mágicas, feitiçarias, rapinas, falsos testemunhos, hipocrisias, duplicidade de coração, fraude, orgulho, maldade, arrogância, avareza, conversa obscena, ciúme, insolência, altivez, ostentação e ausência de temor de Deus. Por esse caminho andam os perseguidores dos bons, os inimigos da verdade, os amantes da mentira, os que ignoram a recompensa da justiça, os que não desejam o bem nem o julgamento justo, os que não ficam atentos para o bem, mas para o mal. Deles está longe a calma e a paciência; são amantes das coisas vãs, ávidos de recompensas, não se compadecem do pobre, não se importam com os atribulados, não reconhecem o seu Criador. São ainda assassinos de crianças, corruptores da imagem de Deus, desprezam o necessitado, oprimem o aflito, defendem os ricos, são os juízes injustos com os pobres e, por fim, são pecadores consumados.

Filhos, afastem-se de tudo isso.
(Didaqué, V, 1-2)

Escolhido por Jesus

- Em cada encontro, temos uma oportunidade de pensar em nossas motivações para participar do Sacramento da Crisma e se assumimos a preparação em paz e disposição interior.

b. Você se sente escolhido por Jesus? Por quê?
_____
_____
_____

c. O que você pode oferecer para o crescimento e expansão da comunidade? Pense nos dons que você recebeu!
_____
_____
_____

CELEBRANDO NOSSO ENCONTRO

Catequista: Vamos ler, no Evangelho de João 15,1-17, a comparação da videira com seus ramos unidos ao tronco. Como batizados, fomos enxertados no tronco, participando da vida de Jesus.

- Pela Crisma, somos chamados a testemunhar Jesus e a dar frutos, alimentando e fazendo crescer a vida da comunidade. O fruto por excelência é o amor.

Catequista: Vamos rezar, escolhendo um canto para expressar o agradecimento pelos dons de cada um.

EU LHES DAREI O MEU ESPÍRITO

TRÍDUO DE PREPARAÇÃO PARA A CRISMA

PRIMEIRO DIA DO TRÍDUO

Preparando:

- Convidar a família para um momento de reflexão e oração com o crismando. Escolher entre os convidados, o comentarista e os diversos leitores. Preparar o local da casa onde vai ser realizada a reunião, colocando sobre uma mesa a Bíblia, ou Novo Testamento, uma vela, uma jarra com água, flores, uma cruz, um terço.

- A oração pode ser iniciada e terminada com um canto conhecido dos participantes.

Celebrando:

Comentarista: Estamos aqui reunidos em nome do Pai e do Filho e do Espírito Santo.

Todos: Amém.

Comentarista: Aqui nos reunimos a convite do crismando, nosso (filho, primo N...) para refletir com ele sobre o valor da religião com a qual ele agora se compromete, através do Sacramento da Crisma.

Leitor 1: Nós já vivemos com ele muitos momentos alegres e felizes. Quem daqui se lembra de um momento agradável que passamos juntos? [Deixar que os presentes se recordem e contem]. Então, vamos agradecer a Deus esses momentos que recordamos agora e colocar, na jarra, algumas flores como sinal de nossas alegrias, oferecendo-as a Deus, enquanto rezamos:

Todos: 'Uma só coisa peço ao Senhor: habitar a sua casa todos os dias da minha vida! (cf. Sl 27,4).

Leitor 2: Também passamos juntos por algumas dificuldades e aflições. Quem se lembra de algum desses momentos? [Deixar que contem e rememorem fatos da vida do crismando e de sua família]. Nessas horas, sentimos que Deus não nos abandonou e se fez presente através da solidariedade da família. Vamos colocar junto das flores esta cruz, como sinal da nossa participação no sofrimento de Jesus, enquanto rezamos:

Todos: "Só em Deus a minha alma repousa, dele vem a minha salvação" (Sl 62,1).

Comentarista: Agora, vamos iluminar estes valores que vivemos em família com a Boa-Nova que Jesus nos trouxe. Como sinal de nossa fé na Palavra de Deus, vamos acender esta vela. [Escolher uma pessoa para ler o texto, que pode ser dialogado.]

Leitor 3: Evangelho de Nosso Senhor Jesus Cristo, segundo Lucas (Lc 24,13-35).

Comentarista: Quem gostaria de comentar o Evangelho, procurando os sinais que Jesus deu de sua presença entre os discípulos. [Deixar que se manifestem].

Leitor 4: Vimos que Jesus se deu a conhecer através de três situações:

- Caminhou com os amigos em momentos de tristeza, angústia e ansiedade.

- Apontou a religião como uma fonte de respostas aos questionamentos humanos.

- Partilhou o pão com os discípulos, dividindo-o com gestos muito próprios.

Comentarista: Podemos dizer que nossa família tem sido discípula de Jesus, dando exemplos de solidariedade, união? [Deixar que falem.]

Leitor 1: Em que momentos da nossa vida em família valorizamos nossa religião como fonte de sabedoria e caminho de salvação? [Ouvir].

Leitor 2: Quais os gestos de partilha e ajuda que nossa família cultiva especialmente? [Esperar que descubram juntos.]

Crismando: Em nossas reflexões, descobrimos que nossa família tem valores cristãos, que se revelam na rotina de cada dia. Como os discípulos de Emaús, é uma família caminhante, procurando o Mestre ressuscitado na vida de cada membro.

Todos: Reconhecemos a mão de Deus que derrama suas bênçãos copiosas sobre nós. De tal maneira, que podemos dizer como São Paulo: *"Quer vivamos, quer morramos, pertencemos ao Senhor!".*

Comentarista: Vamos encerrar nossa oração de hoje, dando-nos as mãos em sinal do nosso desejo de estarmos sempre unidos, rezando a oração que Jesus nos ensinou: Pai-nosso...

SEGUNDO DIA DO TRÍDUO

Preparando:

- Este dia será dedicado aos vizinhos, colegas e amigos do(s) crismando(s) e também aos seus familiares.

- Motive-os a que convidem os padrinhos.

- Os cantos serão escolhidos de acordo com a realidade local.

- Preparar: uma Bíblia, um cartão (folha de papel ou coração recortado) e uma planta.

Celebrando:

Comentarista: Estamos aqui reunidos em nome do Pai e do Filho e do Espírito Santo.

Todos: Amém.

Comentarista: Aqui nos reunimos a convite dos nossos amigos comuns:... [citar os nomes], que, em sua preparação para o Sacramento da Crisma, querem refletir conosco sobre o valor da vida em comunidade.

Todos: Sentimo-nos felizes por esta ocasião de repensar nossa vida e agradecer a Deus.

Vizinho(a) 1: Na verdade, a proximidade de nossas casas e a certeza de viver entre amigos, faz nossa vida mais confortável e mais segura.

Vizinho(a) 2: Em cada um dos amigos, vizinhos, companheiros, sentimos que Deus se faz presente em nossa vida.

Todos: Deus é nosso refúgio e nossa força, defensor alerta nos perigos.

Comentarista: Vamos lembrar, agora, e colocar em comum, o início da nossa amizade e vizinhança. Quem quer começar a contar? [As pessoas trocam a sua experiência do início da amizade e de como se tornaram vizinhas.]
Vamos deixar que a Boa Nova de Jesus ilumine esta amizade que nos une, para torná-la ainda mais rica, e mais perfeita, como o Pai quer que vivamos.

Leitor: Evangelho de Nosso Senhor Jesus Cristo, segundo João (Jo 15, 7-17).

Comentarista: Quem quer fazer algum comentário sobre estas palavras tão emocionantes? [Esperar que se manifestem.]

Comentarista: Vamos escrever neste cartão, (folha de papel ou coração recortado) os nossos nomes, que fazem parte da história cristã e marcam este momento tão importante na nossa vida. [Enquanto escrevem, podem ouvir uma música referente ao tema.]

Vizinho(a) 3: Sabemos que nosso relacionamento está longe da perfeição. Mas, sabemos também que a cada dia podemos crescer na amizade e na confiança recíprocas. Esperamos que... [citar o nome do(s) crismando(s)], que nestes dias se compromete com Cristo, seja na comunidade o testemunho vivo das palavras de Jesus. Que esta planta seja um sinal da nossa esperança de que isto aconteça. Enquanto o(s) crismando(s) coloca a planta junto à Palavra de Deus e das nossas assinaturas, vamos rezar:

Todos: Que a Palavra de Deus cresça em nossas vidas.

Vizinho(a) 1: Vamos nos lembrar também de Maria, aquela que foi mãe, parente, vizinha, amiga, sempre fiel. Que possamos cantar como Maria, em nossa caminhada:

Todos: *'O Senhor fez em mim maravilhas, Santo é o seu nome!'*

Comentarista: Vamos terminar nossa oração, abençoando o(s) nosso(s) crismando(s)..., para que a Palavra de Deus, que hoje refletimos, germine e cresça em seu coração e dê frutos para toda a nossa comunidade. Vamos levantar nossas mãos sobre o(s) crismando(s) e dizer todos juntos:

Todos: Que o Pai e o Filho e o Espírito Santo o abençoe e o faça feliz. Amém. Amém. Amém.

Canto: *'Isto é a felicidade...'.*

TERCEIRO DIA DO TRÍDUO: CELEBRAÇÃO DO PERDÃO

Preparando:

- Participação dos pais, padrinhos e crismandos.

- Esta celebração deve ser preparada anteriormente e realizada em data próxima à da Crisma.

- Na entrada, todos os participantes recebem uma folha seca, de planta, distribuída por alguns crismandos.

Celebrando:

I. Acolhida:

Presidente: Em nossos encontros, temos procurado conhecer melhor a Jesus, com quem queremos nos comprometer pelo Sacramento da Crisma. Ao mesmo tempo, experimentamos nossa dificuldade em sermos cristãos de fato: somos fracos, erramos, deixamos de viver o amor, como Jesus viveu. Mas, o próprio Jesus nos ensina que o perdão é parte essencial da vida cristã. E é este perdão que viemos buscar hoje, nesta celebração. Vamos iniciar em nome do Pai e do Filho e do Espírito Santo.

Todos: Amém.

Canto: *'Povo Novo...'* [durante o canto vão sendo levados alguns símbolos: na 1ª estrofe: a vela acesa; na 2ª estrofe: a Bíblia; na 3ª estrofe: a cruz; e, na 4ª estrofe: flores]:

1. Quando o Espírito de Deus soprou, o mundo inteiro se iluminou.
   A esperança na terra brotou, e um povo novo deu-se as mãos e caminhou.

   Lutar e crer, vencer a dor. Louvar ao Criador.
   Justiça e paz hão de reinar. E viva o Amor!

2. Quando Jesus a terra visitou, a Boa-Nova da justiça anunciou.

O cego viu, o surdo escutou, e os oprimidos das correntes libertou.

3. Nosso poder está na união. O mundo novo vem de Deus e dos irmãos.
   Vamos lutando contra a divisão e preparando a festa da libertação.

4. Cidade e campo se transformarão, jovens unidos na esperança gritarão.
   A força nova é o poder do amor, nossa fraqueza é a força em Deus libertador.

   (KOLLING, Ir. Míria T. et al. *Cantos e orações*: para a liturgia da missa, celebrações e encontros. Petrópolis: Vozes, 2004)

II. Escuta e reflexão da Palavra:

Comentarista: Nós vamos assistir agora a dramatização (ou leitura dialogada) de alguns textos do Evangelho de Lucas, que nos mostram como Jesus acolhe, perdoa e liberta aqueles que o procuram: Lc 18, 35-43; Lc 17,11-19; Lc 19,1-10.

Comentarista: O que mais nos impressionou nas atitudes das pessoas aqui representadas, e em Jesus? [Deixar que falem.]

Presidente: [Conclui a reflexão] - Pudemos notar que as pessoas se sentiam animadas a procurar Jesus, confiantes de encontrar nele a ajuda de que necessitavam. E Jesus as acolhia, ajudando-as a se libertarem daquilo que impedia a sua felicidade, dando-lhes a visão, reintegrando-as na comunidade pela cura, o perdão e a reconciliação. [Completar com os comentários feitos pelo grupo].

III. O perdão em nossa vida:

Comentarista: Como vimos nos textos, nós também enfrentamos dificuldades: a nossa falta de fé, de confiança; falta de justiça com as pessoas; o nosso medo. Mas, sabemos que Jesus é nosso amigo e nos acolhe como somos. Ele está do nosso lado. É nossa força e alimento no dia a dia. Vamos, então, conversar com Jesus em dois momentos:

- **Primeiro:** Façamos nosso pedido de perdão. Falemos com Jesus sobre as faltas que cometemos em família, com os amigos, na escola, no trabalho... quando ofendemos as pessoas ou fomos ofendidos por alguém. Tenhamos a mesma certeza que Zaqueu, o cego e os leprosos tiveram de serem acolhidos e atendidos por Jesus.

- **Segundo:** Façamos também nosso agradecimento por tudo de bom que acontece na nossa vida: como o leproso que voltou para agradecer o que Jesus realizou na vida dele. [Dar o tempo necessário. Se possível, colocar uma música instrumental, bem baixinho.]

Presidente: [Motiva o arrependimento com um ato penitencial.]

Comentarista: Na parábola do '*Filho Pródigo*', Jesus conta como o pai acolhe com alegria aquele que volta arrependido e pede perdão. Vamos perceber essa alegria através de um canto. Enquanto cantamos, vamos fazer um gesto simbólico do perdão que Deus nos dá. Como sinal de que Jesus Cristo nos perdoa, nos purifica e liberta de tudo que nos impede de viver como ele quer, vamos amassar a folha seca que temos nas mãos, jogá-la nesta lixeira e trocá-la por uma folha verde e nova, sinal da vida nova que queremos viver, após esta confissão. [Alguns crismandos vão recolhendo as folhas amassadas e distribuindo as folhas verdes.]

Cantos: '*Muito alegre eu te pedi o que era meu...*'; '*Eu canto a alegria, Senhor...*'

Presidente: Ao encerrarmos esta celebração do perdão de Deus, vamos rezar a oração do Pai-nosso, pedindo a Deus que nos perdoe assim como também nós nos comprometemos em perdoar. Que as nossas mãos dadas sejam o sinal do compromisso que assumimos de perdoar sempre.

Todos: Pai nosso...

Canto: '*Isto é a Felicidade...*', ou outro.

Presidente: Desça sobre nós a bênção do Deus Todo-Poderoso: Pai e Filho e Espírito Santo.

Todos: Amém.

Presidente: Vamos em paz e que o Senhor nos acompanhe!

Todos: Graças a Deus!

F PÓS-CRISMA:
ORAÇÃO - PERSEVERANÇA - ENGAJAMENTO

"Eu vim para lançar fogo sobre a terra: e como gostaria que já estivesse aceso!" (Lc 12,49)

1. Para ouvir, cantar, meditar e viver:

   Coração livre
   P. Jorge Trevisol

   Eu vejo que a juventude tem muito amor,
   Carrega a esperança viva no seu cantar.
   Conhece caminhos novos, não tem segredos,
   Anseia pela justiça e deseja a paz.
   Mas vejo também a dor da insegurança,
   Que dói quando é hora certa de decidir.
   Tem medo de deixar tudo e então se cansa,
   Diz *'não'* ao caminho certo e não é feliz.

   Hei! Juventude – rosto do mundo.
   Teu dinamismo logo encanta quem te vê.
   A liberdade aposta tudo,
   Não perde nada na certeza de vencer! (bis)
   (CD *'Ouça tua voz'*, Grupo Chamas. Paulinas-COMEP, faixa 10).

EU LHES DAREI O MEU ESPÍRITO

2. Vamos ler a carta-mensagem do Papa João Paulo II (escrita em 2 de agosto de 2004) para a '*XX Jornada Mundial da Juventude*', realizada em agosto de 2005 na cidade de Colônia, na Alemanha, e sublinhar as orientações mais significativas para cada um.

   **MENSAGEM DO PAPA JOÃO PAULO II
   PARA A XX JORNADA MUNDIAL DA JUVENTUDE
   COLÔNIA (ALEMANHA) – AGOSTO DE 2005**

   "Viemos adorá-lo" (Mt 2,2).

   Caríssimos jovens!

   1. Celebramos este ano a XIX Jornada Mundial da Juventude meditando sobre o desejo expresso por alguns gregos, que chegaram a Jerusalém por ocasião da Páscoa: *"Queremos ver Jesus"* (Jo 12,21). E eis-nos agora a caminho de Colônia, onde em agosto de 2005 será realizada a XX Jornada Mundial da

Juventude. *"Viemos adorá-lo"* (Mt 2,2): eis o tema do próximo encontro mundial juvenil. É um tema que permite que os jovens de todos os continentes repercorram idealmente o percurso dos Magos, cujas relíquias, segundo uma tradição piedosa, são veneradas precisamente naquela cidade, e encontrem, como eles, o Messias de todas as nações. Na realidade, a luz de Cristo já esclarecia a inteligência e o coração dos Magos. *"Eles partiram"* (Mt 2,9), narra o evangelista, lançando-se corajosamente por estradas desconhecidas empreendem uma viagem longa e difícil. Não hesitam em deixar tudo para seguir a estrela que tinham visto surgir no Oriente (cf. Mt 2,1). À imitação dos Magos, também vós, queridos jovens, vos preparais para realizar uma "viagem" partindo de todas as regiões do globo para Colônia. É importante que não vos preocupeis apenas da organização prática da Jornada Mundial da Juventude, mas é necessário que vos ocupeis, em primeiro lugar, da sua preparação espiritual, numa atmosfera de fé e de escuta da Palavra de Deus.

2. *"E a estrela... ia adiante deles, até que, chegando ao lugar onde estava o Menino, parou"* (Mt 2,10). Caríssimos, é importante aprender a *perscrutar os sinais* com os quais Deus nos chama e nos guia. Quando temos a consciência de sermos guiados por ele, o coração experimenta uma *alegria autêntica e profunda,* que é acompanhada por um desejo sincero de o encontrar e por um esforço perseverante em segui-lo docilmente. *"Entrando na casa, viram o Menino com Maria, sua mãe..."* (Mt 2,11). Nada de extraordinário à primeira vista. Contudo, aquele Menino é diferente dos outros: é o Filho unigênito de Deus que *se despojou da sua glória* (cf. Fl 2,7) e veio à terra para morrer na Cruz. Desceu entre nós e fez-se pobre para nos revelar a glória divina, que contemplaremos plenamente no Céu, nossa pátria bem-aventurada. Quem poderia inventar um sinal de amor maior?

Permaneçamos extasiados diante do *mistério de um Deus que se humilha* para assumir a nossa condição humana até se imolar por nós na cruz (cf. Fl 2,6-8). Na *sua pobreza,* veio para oferecer a salvação aos pecadores. Aquele que, como nos recorda São Paulo *"sendo rico, se fez pobre por vós, para vos enriquecer com a sua pobreza"* (2Cor 8,9). Como dar graças a Deus por tanta bondade magnânima?

3. Os Magos encontram Jesus em *"Bêtlehem"*, que significa *"casa do pão"*. Na humilde gruta de Belém jaz, colocado em cima de um pouco de palha, *"o grão de mostarda"* que, morrendo, dará *"muito fruto"* (cf. Jo 12,24). Para falar de si e da sua missão salvífica Jesus, ao longo da sua vida pública, recorrerá à imagem do pão. Dirá: *"Eu sou o pão da vida"*, *"Eu sou o pão que desceu do céu"*, *"o pão que eu hei de dar é a minha carne, pela vida do mundo"* (Jo 6, 35.41.51). Repercorrendo com fé o itinerário do Redentor da pobreza desde o *Presépio* até ao abandono na *cruz,* compreendemos melhor o mistério do seu amor que redime a humanidade. O Menino, colocado por Maria na Manjedoura, é o Homem-Deus que veremos pregado na Cruz. O mesmo Redentor está presente no Sacramento da Eucaristia. Na *manjedoura de Belém* deixou-se adorar, sob as pobres aparências de um recém-nascido, por Maria, por José e pelos pastores; na *Hóstia consagrada* adoramo-lo sacramentalmente presente em corpo, sangue, alma e divindade, e oferece-se a nós como alimento de vida eterna. A *santa Missa* torna-se então o verdadeiro encontro de amor com aquele que se entregou completamente por nós. Queridos jovens, não hesiteis em responder-lhe quando vos convida *"para o banquete do Cordeiro"* (cf. Ap 19,9). Escutai-o, preparai-vos de modo adequado e aproximai-vos do Sacramento do Altar, sobretudo neste Ano da Eucaristia (outubro de 2004-2005) que quis proclamar para toda a Igreja.

4. *"Prostrando-se, adoraram-no"* (Mt 2, 11). Se no Menino que Maria estreita entre os seus braços os Magos reconhecem e adoram o esperado pelas nações anunciado pelos profetas, nós hoje podemos adorá-lo na Eucaristia e *reconhecê-lo como o nosso Criador, único Senhor e Salvador. "Abrindo os cofres, ofereceram-lhe presentes: ouro, incenso e mirra"* (Mt 2,11). Os dons que os Magos oferecem ao Messias simbolizam a verdadeira adoração. Mediante o ouro eles realçam a realeza divina; com o incenso confessam-no como sacerdote da nova Aliança; oferecendo-lhe a mirra celebram o profeta que derramará o próprio sangue para reconciliar a humanidade com o Pai. Queridos jovens, oferecei também vós ao Senhor o ouro da vossa existência, ou seja, *a liberdade* de o seguir por amor, respondendo fielmente à sua chamada; fazei subir para ele o incenso da vossa *oração* fervorosa, o louvor da sua glória; oferecei-lhe a mirra, isto é, o *afeto repleto de gratidão por ele,* verdadeiro Homem, que nos amou até morrer como um malfeitor no Gólgota.

5. Sede adoradores do único Deus, reconhecendo-lhe o primeiro lugar na vossa existência! A *idolatria* é uma tentação constante do homem. Infelizmente há quem procure a solução para os problemas em *práticas religiosas incompatíveis com a fé cristã.* É grande a tentação de pensar nos mitos de fácil sucesso e do poder; é perigoso aderir a concepções evanescentes do sagrado que apresentam Deus sob a forma de energia cósmica, e de outras maneiras que não estão em sintonia com a doutrina católica. Jovens, não cedais a *falsas ilusões* nem a *modas efêmeras,* que muitas vezes deixam um trágico vazio espiritual! Recusai as *soluções* do dinheiro, do consumismo e da violência dissimulada, que por vezes os meios de comunicação propõem. A adoração do verdadeiro Deus constitui um ato autêntico de *resistência contra qualquer forma de idolatria.* Adorai Cristo: Ele é a Rocha sobre a qual construir o vosso futuro e um mundo mais justo e solidário. Jesus é *o Príncipe da paz,* a fonte de perdão e de reconciliação, que pode irmanar todos os membros da família humana.

6. *"Regressaram ao seu país por outro caminho"* (Mt 2,12). O Evangelho esclarece que, depois de ter encontrado Cristo, os Magos regressaram ao seu país *"por outro caminho".* Esta mudança de caminho pode simbolizar *a conversão* daqueles que encontraram Jesus e foram chamados a tornarem-se os verdadeiros adoradores que Ele deseja (cf. Jo 4,23-24). Isto exige a imitação do seu modo de agir fazendo de si próprios, como escreve o apóstolo Paulo, um *"sacrifício vivo, santo e agradável a Deus".* O Apóstolo acrescenta depois que não se conformem com a mentalidade deste século, mas que se transformem renovando a mente, *"para poder discernir qual é a vontade de Deus: o que é bom e lhe é agradável é perfeito"* (cf. Rm 12,1-2). Escutar Cristo e adorá-lo leva a fazer *opções corajosas,* a tomar decisões por vezes heroicas. Jesus é exigente porque deseja a nossa felicidade autêntica. Chama alguns a deixarem tudo para o seguir na vida sacerdotal ou consagrada. Quem sente este convite não tenha receio de lhe responder "sim" e ponha-se generosamente no seu seguimento. Mas, além das vocações de especial consagração, existe também a vocação própria de cada batizado: também ela é vocação àquela "medida alta" da vida cristã ordinária que se expressa na santidade (cf. *Novo millennio ineunte,* 31). Quando se encontra Cristo e se acolhe o seu Evangelho, a vida muda e somos estimulados a comunicar aos outros a própria experiência. São tantos os nossos contemporâneos que ainda não conhecem o amor de Deus, ou procuram encher o coração com alternativas insignificantes. É urgente, por conseguinte, ser *testemunhas do amor contemplado em Cristo.* O convite para participar na Jornada Mundial da

Juventude é também para vós, queridos amigos que não sois batizados ou que não vos reconheceis na Igreja. Não é porventura verdade que também vós tendes sede de Absoluto e andais em busca de "algo" que dê significado à vossa existência? Dirigi-vos a Cristo e não sereis desiludidos.

7. Amados jovens, a Igreja precisa de testemunhas autênticas para a nova evangelização: homens e mulheres cuja vida seja transformada pelo encontro com Jesus; homens e mulheres capazes de comunicar esta experiência aos outros. A Igreja precisa de santos. Todos somos chamados à santidade, e só os santos podem renovar a humanidade. Sobre este caminho de heroísmo evangélico foram muitos os que nos precederam e exorto-vos a recorrer com frequência à sua intercessão. Encontrando-vos em Colônia, aprendereis a conhecer melhor alguns deles, como *São Bonifácio,* o apóstolo da Alemanha, e *os Santos de Colônia,* particularmente Úrsula, Alberto Magno, Teresa Benedita da Cruz (Edith Stein) e o beato Adolph Kolping. Entre eles, gostaria de citar em particular *Santo Alberto e Santa Teresa Benedita da Cruz* que, com a mesma atitude interior dos Magos, procuraram apaixona-

damente a verdade. Eles não hesitaram em colocar as próprias capacidades intelectuais ao serviço da fé, testemunhando assim que fé e razão estão ligadas e que uma se refere à outra.

Caríssimos jovens, encaminhai-vos idealmente para Colônia, o Papa acompanha-vos com a sua oração. Maria, "mulher eucarística" e Mãe da Sabedoria, ampare os vossos passos, ilumine as vossas opções, vos ensine a amar o que é verdadeiro, bom e belo. Acompanhe todos vós até ao seu Filho, o único que pode satisfazer as expectativas mais íntimas da inteligência e do coração do homem.

Com a minha Bênção!
Castel Gandolfo, 6 de Agosto de 2004.

JOÃO PAULO II

(Disponível em: http://www.acidigital.com/Documentos/jmj2005.htm. Acessado em: 28/08/2005)

ORAÇÃO MAIS AÇÃO

- Como poderemos rezar e agir daqui para frente?
- Em que momentos nossa comunidade reza?
- Em que obras e serviços a comunidade atua?
- Como podemos organizar-nos para participar 'com-firme-ação'?
- Como vão os grupos juvenis de nossa comunidade? Já estão organizados? Ou, precisa ser fundado, organizado, reforçado, transformado? Quem quer participar desta ação?
   • Dialogar e anotar os compromissos e propósitos.

CELEBRANDO NOSSO ENCONTRO

Catequista: Vamos relembrar as palavras do Papa João Paulo II para os jovens:

"Amados jovens, a Igreja precisa de testemunhas autênticas para a nova evangelização: homens e mulheres cuja vida seja transformada pelo encontro com Jesus; homens e mulheres capazes de comunicar esta experiência aos outros. A Igreja precisa de santos. Todos somos chamados à santidade, e só os santos podem renovar a humanidade. Sobre este caminho de heroísmo evangélico foram muitos os que nos precederam e exorto-vos a recorrer com frequência à sua intercessão."

Ouvir, cantar e meditar com a música: *'Coração Livre'* (Padre Jorge Trevisol).

Em silêncio, pensemos em um santo a quem recorrermos e peçamos a sua intercessão junto a Deus Pai, Deus Filho e Deus Espírito Santo para continuarmos no seguimento a Jesus.

Expressemos nosso pedido, rezando a oração do Espírito Santo.

Vamos terminar a celebração deste encontro com o gesto do abraço da paz, expressando a amizade que existe entre todos.

EU LHES DAREI O MEU ESPÍRITO

Orações

1. Sinal da cruz

Pelo sinal da santa cruz, livrai-nos, Deus Nosso Senhor, dos nossos inimigos.

Em nome do Pai, do Filho e do Espírito Santo. Amém!

2. Pai-nosso

Pai Nosso, que estais no céu, santificado seja o vosso nome, venha a nós o vosso reino, seja feita a vossa vontade assim na terra como no céu.

O pão nosso de cada dia nos dai hoje; perdoai-nos as nossas ofensas, assim como nós perdoamos a quem nos tem ofendido, e não nos deixeis cair em tentação, mas livrai-nos do mal. Amém.

3. Ave-Maria

Ave, Maria, cheia de graça, o Senhor é convosco, bendita sois vós entre as mulheres e bendito é o fruto do vosso ventre, Jesus. Santa Maria, Mãe de Deus, rogai por nós pecadores, agora e na hora de nossa morte. Amém.

4. Santo Anjo

Santo Anjo do Senhor, meu zeloso guardador, se a ti me confiou a piedade divina, sempre me rege, guarda, governa e ilumina. Amém.

5. Credo

Creio em Deus Pai todo-poderoso, criador do céu e da terra. E em Jesus Cristo, seu único Filho, Nosso Senhor; que foi concebido pelo poder do Espírito Santo; nasceu da Virgem Maria; padeceu sob Pôncio Pilatos, foi crucificado, morto e sepultado. Desceu à mansão dos mortos; ressuscitou ao terceiro dia; subiu aos céus, está sentado à direita de Deus Pai todo-poderoso, de onde há de vir a julgar os vivos e os mortos. Creio no Espírito Santo; na Santa Igreja Católica; na comunhão dos santos; na remissão dos pecados; na ressurreição da carne; na vida eterna. Amém.

6. Salve Rainha

Salve, Rainha, Mãe de misericórdia, vida, doçura, esperança nossa, salve! A vós bradamos, os degredados filhos de Eva. A vós suspiramos, gemendo e chorando neste vale de lágrimas. Eia, pois, advogada nossa, esses vossos olhos misericordiosos a nós volvei! E depois deste desterro, mostrai-nos Jesus, bendito fruto do vosso ventre, ó clemente, ó piedosa, ó doce sempre Virgem Maria!

- Rogai por nós, Santa Mãe de Deus!

- Para que sejamos dignos das promessas de Cristo!

7. Ato de Contrição

Meu Deus, eu vos peço perdão de todos os meus pecados, porque vos ofendi e prejudiquei os meus irmãos. Prometo, com a vossa ajuda, não mais pecar. Amém!

8. Glória-ao-Pai

Glória ao Pai, ao Filho e ao Espírito Santo, como era no princípio, agora e sempre. Amém.

9. Consagração a Nossa Senhora

Ó Senhora minha. Ó minha Mãe! Eu me ofereço todo a vós e, em prova de minha devoção para convosco, eu vos consagro, neste dia, meus olhos, meus ouvidos, minha boca, meu coração e inteiramente todo o meu ser.
E como assim sou vosso, ó boa mãe, guardai-me e defendei-me como bem e propriedade vossa. Amém.

10. O Anjo do Senhor

- O Anjo do Senhor anunciou a Maria.
- E ela concebeu do Espírito Santo.
        Ave Maria...
- Eis aqui a serva do Senhor.
- Faça-se em mim segundo a vossa palavra.
        Ave Maria...
- E o Verbo se fez carne.
- E habitou entre nós.
        Ave Maria...
- Rogai por nós, Santa Mãe de Deus.
- Para que sejamos dignos das promessas de Cristo.

Oremos:
Infundi, Senhor,
como vos pedimos,
a vossa graça em nossas almas,
para que nós,
que pela anunciação do Anjo viemos ao conhecimento da encarnação de Jesus Cristo, vosso Filho, por sua paixão e morte sejamos conduzidos à glória da ressurreição.
Pelo mesmo Cristo Nosso Senhor. Amém.

11. Oração da Manhã

Senhor,
no silêncio deste dia que amanhece, venho te pedir a paz, a sabedoria e a força. Quero olhar hoje o mundo com olhos cheios de amor.
Ser paciente, compreensivo e justo, calmo e alegre;
Quero ver teus filhos,
como tu os vês, e ver somente o bem em cada um.
Cerra os meus ouvidos a toda calúnia, guarda minha língua de toda maldade.
Que meu espírito viva só de paz.
Seja eu tão bom e alegre, que todos quantos se achegarem a mim sintam a tua presença.
Senhor,
reveste-me interiormente de tua beleza.
E que, no decorrer deste dia, eu a todos revele teu amor.
Amém.

12. Orações à Mesa

1ª) Abençoai, Senhor, a mesa deste lar e na mesa do céu reservai-nos um lugar.

2ª) Senhor, dai pão a quem tem fome e fome de justiça a quem tem pão.

13. Ato de Fé

Meu Deus,

creio firmemente em todas as verdades que nos revelastes e que nos ensinas por tua Igreja, porque não te podes enganar, nem nos enganar.

14. Ato de Esperança

Meu Deus,

espero com firme confiança que me concederás,

pelo mérito de Jesus Cristo,

tua graça neste mundo e a felicidade eterna no outro, porque assim o prometeste e sempre és fiel em tuas promessas.

15. Ato de Caridade

Meu Deus, amo-te com todo o meu coração e sobre todas as coisas, porque és infinitamente bom e amo o meu próximo como a mim mesmo por teu amor.

16. Invocação ao Espírito Santo

Vinde, Espírito Santo, enchei os corações dos vossos fiéis e acendei neles o fogo do vosso amor. Enviai o vosso Espírito, e tudo será criado. E renovareis a face da terra. Oremos: Ó Deus, que iluminais os corações dos vossos fiéis com as luzes do Espírito Santo, concedei-nos que no mesmo Espírito saibamos o que é reto e gozemos sempre de suas divinas consolações. Por Cristo, Nosso Senhor. Amém.

17. Oração pela família

Amorosíssimo Jesus, que com vossas admiráveis virtudes e com os exemplos de vossa vida doméstica santificastes a família por vós escolhida neste mundo, dignai-vos lançar vosso piedoso olhar sobre esta vossa família, que implora a vossa misericórdia. Lembrai-vos que esta família pertence a vós, porque a vós se dedicou e consagrou de um modo especial. Assisti-a benigno, defendei-a de todos os perigos, socorrei-a nas suas necessidades e dai-lhe a graça de perseverar na imitação de vossa santa família, para que, servindo-vos fielmente e amando-vos neste mundo, possa louvar-vos eternamente no céu. Maria, Mãe dulcíssima, recorremos à vossa intercessão, confiados que vosso divino Filho ouvirá as nossas orações. E vós, glorioso patriarca São José, socorrei-nos com a vossa poderosa mediação e oferecei nossos votos a Jesus pelas mãos de Maria. Amém.

18. Bênção da família

Ó Deus bendito, nosso Pai, fazei que os moradores desta casa, por vós concedida para habitação desta família, obtenham os dons do vosso Espírito, e manifestem com obras de caridade a graça de vossa bênção de modo que todos os que vivem nesta casa encontrem sempre aquele sentimento de paz e amor, que sabemos ter em vós a única fonte. Por Cristo, nosso Senhor. Amém.

19. Bênção dos filhos

Pai santo, *fonte* inesgotável da vida e autor de todos os bens, nós vos bendizemos e vos damos graças, pois quisestes alegrar com o dom dos filhos a união do nosso amor. Concedei, nós vos pedimos, que este(a) jovem membro da família encontre seu caminho na sociedade familiar, onde possa desenvolver as melhores aspirações e chegar um dia, com a vossa ajuda, à meta final por vós estabelecida. Por Cristo, nosso Senhor. Amém.

20. Oração pelos pais

Senhor, meu Deus, Vós quereis que respeite, ame e obedeça a meus queridos pais. Peço-vos que Vós mesmo me inspireis o respeito e a reverência que lhes devo e fazei que lhes seja filho amante e obediente. Recompensai-lhes todos os sacrifícios, trabalhos e cuidados, que por minha causa têm suportado e retribui-lhes todo o bem que me fizeram no corpo e na alma, pois eu por mim não posso pagar-lhes tudo isto. Conservai-lhes uma longa vida no gozo de perfeita saúde do corpo e da alma. Deixai-os participar da bênção copiosa, que derramastes sobre os patriarcas. Fazei-os crescer na virtude e prosperar em tudo, que por vossa honra empenharem, a fim de que um dia tornemos a ver-nos no céu, para cantar os vossos louvores por todos os séculos dos séculos. Amém.

21. Oração dos Jovens

Senhor, eu te agradeço a minha vontade de mudar as coisas. A minha insatisfação diante do que é medíocre, a minha ira diante da injustiça, o nó que sinto na garganta diante de uma história de amor; o carinho que sinto pelas crianças, o amor que, apesar de alguns desentendimentos, eu tenho pelos meus pais, e a coragem de ter sido suficientemente eu para não acompanhar a onda, nem experimentar os tóxicos, nem brincar com a minha dignidade de jovem cristão. Eu te peço uma coisa: grandeza interior para compreender meu povo, minha geração e a tua presença no meu caminho. Eu te ofereço minha juventude. Sei que é pouco, mas é meu modo de dizer que gosto da vida e pretendo vivê-la como um filho digno desse nome. Amém!

22. Oração da manhã

Em nome do Pai e do Filho e do Espírito Santo. Amém.
Glorioso e poderoso Senhor, que fazes alternar os ritmos do tempo, que banhas de luz a manhã, e acendes a fogueira do meio-dia, aplaca as tristes contendas, extingue as chamas da ira, infunde vigor ao corpo, ao coração dás a paz!
Glória ao Pai e ao Filho, honra ao Espírito Santo, ao Senhor Uno e Trino louvor para sempre. Amém.

Conecte-se conosco:

 facebook.com/editoravozes

 @editoravozes

 @editora_vozes

 youtube.com/editoravozes

 +55 24 2233-9033

www.vozes.com.br

Conheça nossas lojas:
www.livrariavozes.com.br

Belo Horizonte – Brasília – Campinas – Cuiabá – Curitiba
Fortaleza – Juiz de Fora – Petrópolis – Recife – São Paulo

EDITORA VOZES LTDA.
Rua Frei Luís, 100 – Centro – Cep 25689-900 – Petrópolis, RJ
Tel.: (24) 2233-9000 – E-mail: vendas@vozes.com.br